Project Based Learning

프로젝트 기반
스마트 미디어 제작 실습

- Exercise & Practice for Instructional Media -

허 균 저

PUKYONG NATIONAL UNIVERSITY PRESS
부경대학교 출판부

| 저자소개 |

허 균 | 서울대학교 교육학 박사 (교육공학 전공)
부경대학교 수해양산업교육과 교수
한국진로개발학회 회장

Project Based Learning

프로젝트 기반
스마트 미디어 제작 실습

2021년 09월 17일 초판발행

저　자 | 허　균
발행인 | 장 영 수
발행처 | 부경대학교 출판부
주　소 | 48513 부산광역시 남구 용소로45
전　화 | (051) 629-6914
F A X | (051) 629-6917
E-Mail | upress@pknu.ac.kr

값 15,000원

ISBN 979-11-87263-43-2 93400

들어가며 ●●●

융합적 사고가 우리 생활에서 조명 받는 시대가 되었다.
융합적 사고는 여러분들이
경험하게 되는
다양한 컴퓨팅 기능과
멀티미디어 활용 능력이
시너지를 얻어
여러분의 사고를
더욱 세련되게 표현할 수 있게 한다고
생각한다.

사람들의 생각이나 습관 등은
보통 잘 변화되지 않지만
다양한 멀티미디어 도구들을 활용한다면
여러분의 사고와 그 능력은
무한히 확장할 수 있다.

멀티미디어 활용 능력은
여러분의 생각과 아이디어를
다양한 도구에서 제공하는 기능들을 활용하여
더욱 세련되게 표현할 수 있다.

이를 잘 활용한다면

교육현장에서 교육내용을
효과적이고
효율적으로 전달할 수 있는
교수 매체로 활용 가능성을 높여

궁극적으로 학생들에게 많은 도움을 줄 것으로 생각된다.

이 책은 멀티미디어 다양한 프로젝트 사례를 기반으로
교수매체 제작 실습을 위한
구체적인 내용을 다루고 있다.

먼저 출간된 멀티미디어 교육론에서는
다양한 미디어의 개발 및 활용을 위한 다양한
아이디어와 이론이 소개되어 있다.

본서에서는 멀티미디어 교육론을 확장하여
조그마한 것부터 차례로
실습할 수 있는 내용으로 구성했다.

우리가 많이 아는 워드프로세스(ᄒᆞᆫ글)의 활용부터
멀티미디어 컨텐츠 제작에서 상업적으로 활용되고 있는
스토리라인 평가모듈 개발까지 실습할 수 있다.

이 책이 나오는 과정에서 출판에 도움을 주신 여러분들께 감사드립니다.

하늘에서 지켜보실 나의 영원한 지지자 아버님과
항상 저를 믿어주시는 어머님, 장인 장모님,
점점 성장해 가는
사랑스런 딸들
소연, 수연의 도움과 격려에
감사드립니다.

아울러, 함께 영감을 주며
하루를 채워가는
사랑스런 아내 정애에게도
고마움을 전하고 싶습니다.

2021년 8월
COVID 19 극복을 기원하며
이기대를 바라보다
저자 **허 균**

차 례

메 모

Chapter 1

한글 이용 매체제작 실습

1. 그림 카드 제작

2. 테이블 이용 자기소개서 만들기

3. 메일머지 활용하기

●●● 제1장

혼글 이용 매체제작 실습

1 그림 카드 제작

혼글을 활용하여 매체제작을 실습해 보자.

[사진]과 [글상자 넣기]를 이용하여 교육현장에서 활용될 수 있는 교수매체 중 하나인 융판, 프린트물, 그림카드 등을 제작할 수 있다.

○ 미션: 자신의 사진에 이름을 넣은 그림 카드를 2장 제작하시오.

○ 조건: 혼글의 [사진]과 [글상자 넣기] 기능을 활용하시오.

○ 결과물 예시

[실행순서]

❶ 흔글 실행

❷ 사진 불러오기

그림(I)에서 이미지나 자신의 사진을 불러온다.

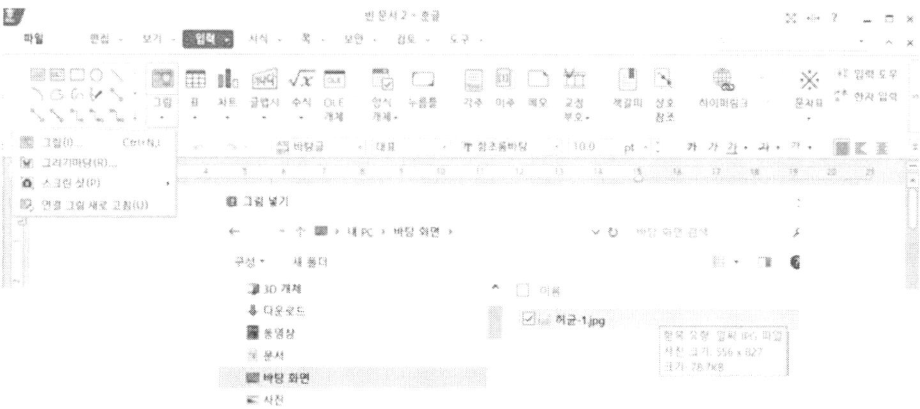

❸ 글상자(Ctrl+N, B) 입력화면

원하는 사진이나 이미지를 불러온 후 글상자(Ctrl_N,B)를 클릭하여 그림 위에 넣을 텍스트를 입력한다.

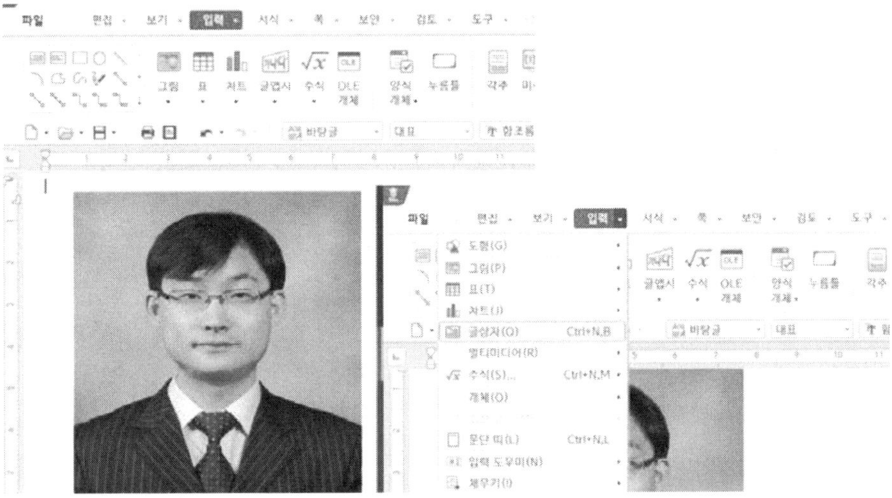

❹ 글상자 개체속성 조정

글상자의 속성 조정을 통해 원하는 이미지 배경의 글자 출력 형태를 결정하여 완성한다.

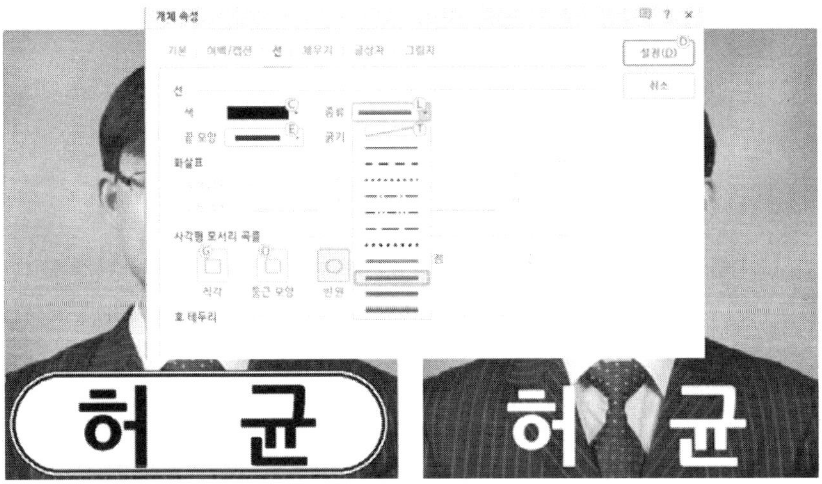

2 테이블 이용 자기소개서 만들기

한글의 테이블 기능(표만들기 기능)을 활용하여 자기소개서를 만드는 실습해 보자.

테이블 기능을 활용하여 교육현장에서 흔히 활용되는 될 수 있는 [표]를 만들고 수정 완성할 수 있다.

○ 미션: 자기소개서를 표 기반으로 만들어 보자.

○ 조건: 한글의 [표] 기능을 활용하시오.

○ 결과물 예시

<table>
<tr><th colspan="3">자 기 소 개 서</th></tr>
<tr><td rowspan="5"></td><td>성 명</td><td>허 균</td></tr>
<tr><td>학 과</td><td>수해양산업교육과</td></tr>
<tr><td>학 년</td><td>•• 학년</td></tr>
<tr><td>이메일</td><td>gyunheo@pknu.ac.kr</td></tr>
<tr><td>전화</td><td>051-629-5970</td></tr>
<tr><td>1. 내가 잘 하는 것</td><td colspan="2">교육연구, 교육공학, 종단자료분석, 빅데이터 분석, 컴퓨터 프로그래밍, 멀티미디어 교육자료 만들기 등</td></tr>
<tr><td>2. 내가 관심 있는 것</td><td colspan="2">진로 선택과 진로개발, 경력개발, 인적자원개발, 테크놀로지 활용 교육, 빅데이터 및 인공지능 활용 교육</td></tr>
<tr><td>3. 이번 학기 일정</td><td colspan="2">전문교과수업설계, 멀티미디어교육론, 교육방법 및 교육공학, 최신교육공학이론, 논문지도</td></tr>
<tr><td>4. (자유롭게 작성)</td><td colspan="2">건강하고 즐거운 학기 되세요^^</td></tr>
</table>

[실행순서]

❶ 흔글 실행

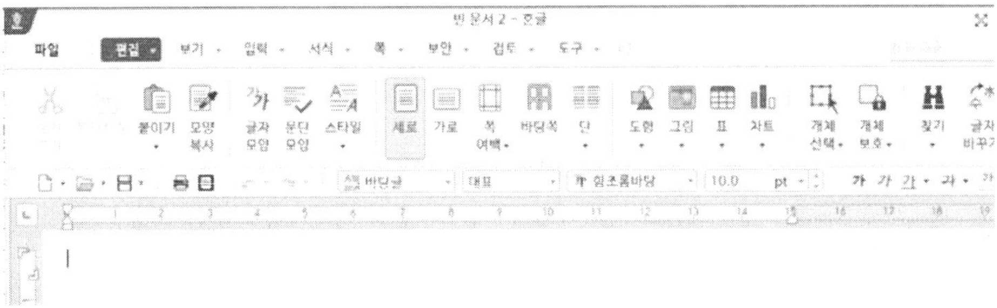

❷ 표만들기

[표]를 아이콘을 선택해서 필요한 행과 열 만큼을 선택한다. 같은 작업을 메뉴에서 [입력]-[표]를 선택하면 같은 인터페이스가 나타난다. [표 만들기]를 선택하면 줄과 칸을 입력할 수 있는 창이 나타난다.

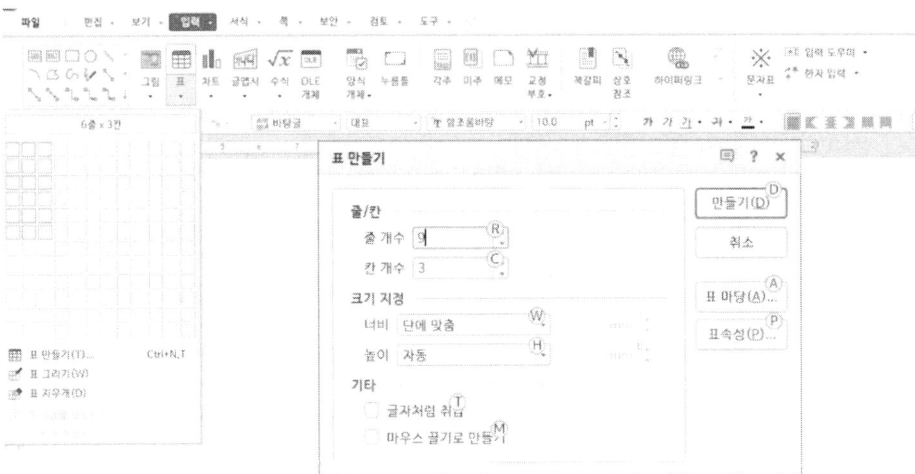

❸ 표 편집하기

칸이나 줄을 합치거나 나누고 속성을 조절하여 원하는 소개서를 작성한다.

<table>
<tr><td rowspan="12"></td><td colspan="4">멀티미디어 자기소개서 만들기</td></tr>
<tr><td>성 명</td><td colspan="3">허 균</td></tr>
<tr><td>학 과</td><td colspan="3">수해양산업교육과</td></tr>
<tr><td>학 년</td><td colspan="3">** 학년</td></tr>
<tr><td>이메일</td><td colspan="3">gyunheo@pknu.ac.kr</td></tr>
<tr><td>전화</td><td colspan="3">051-629-5970</td></tr>
<tr><td></td><td colspan="3"></td></tr>
<tr><td colspan="4"></td></tr>
<tr><td colspan="4"></td></tr>
<tr><td colspan="4"></td></tr>
<tr><td colspan="4"></td></tr>
<tr><td></td><td></td><td></td><td></td></tr>
<tr><td>1. 내가 잘 하는 것</td><td></td><td></td><td></td><td></td></tr>
<tr><td>2. 내가 관심 있는 것</td><td></td><td></td><td></td><td></td></tr>
<tr><td>3. 이번 학기 다루고 싶은 도구</td><td></td><td></td><td></td><td></td></tr>
<tr><td>4. 기타 건의사항</td><td></td><td></td><td></td><td></td></tr>
</table>

❹ 완성하기

표의 배경 속성 등을 설정 등을 조정하고 폰트 등을 조절한 후 보기 좋게 완성한다.

<table>
<tr><td colspan="3">자 기 소 개 서</td></tr>
<tr><td rowspan="5"></td><td>성 명</td><td>허 균</td></tr>
<tr><td>학 과</td><td>수해양산업교육과</td></tr>
<tr><td>학 년</td><td>** 학년</td></tr>
<tr><td>이메일</td><td>gyunheo@pknu.ac.kr</td></tr>
<tr><td>전화</td><td>051-629-5970</td></tr>
<tr><td>1. 내가 잘 하는 것</td><td colspan="2">교육연구, 교육공학, 종단자료분석, 빅데이터 분석, 컴퓨터 프로그래밍, 멀티미디어 교육자료 만들기 등</td></tr>
<tr><td>2. 내가 관심 있는 것</td><td colspan="2">진로 선택과 진로개발, 경력개발, 인적자원개발, 테크놀로지 활용 교육, 빅데이터 및 인공지능 활용 교육</td></tr>
<tr><td>3. 이번 학기 일정</td><td colspan="2">전문교과수업설계, 멀티미디어교육론, 교육방법 및 교육공학, 최신교육공학이론, 논문지도</td></tr>
<tr><td>4. (자유롭게 작성)</td><td colspan="2">건강하고 즐거운 학기 되세요^^</td></tr>
</table>

3 메일머지 활용하기

흔글의 메일머지 기능은 양식 변경 없이 이름이나 번호 등과 같이 특정 데이터만 바꾸어서 출력할 때 쓰는 유용한 기능이다. 학교나 공공기관에 있을 경우 양식은 그대로 유지하면서 사용자 정보만 바꿔서 출력해야 하는 경우가 있다. 졸업장이나 상장 그 외에도 다양한 교수자료를 제작할 때도 응용할 수 있다.

메일머지 기능을 활용해 보자.

○ 미션: 상장 양식을 만들고 메일 머지 기능을 활용하여 최소 8명 이상의 입력 자료가 출력될 수 있게 하시오.

○ 조건: 흔글의 [메일머지]와 엑셀의 데이터 시트를 활용하시오.

○ 결과물 예시

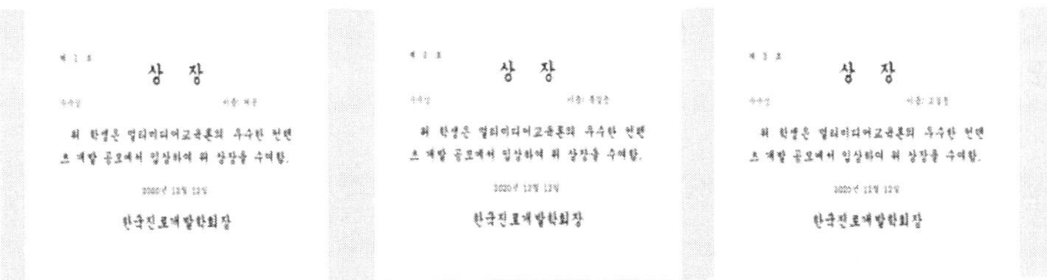

[실행순서]

❶ 호글 실행

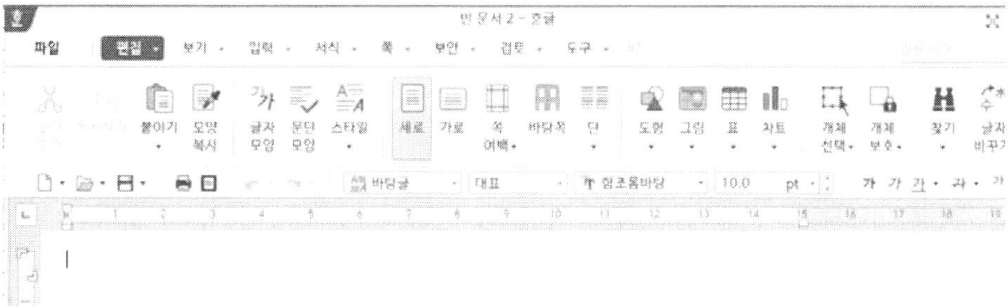

❷ 상장 양식 만들기

호글을 이용하여 상장 양식을 만든다.

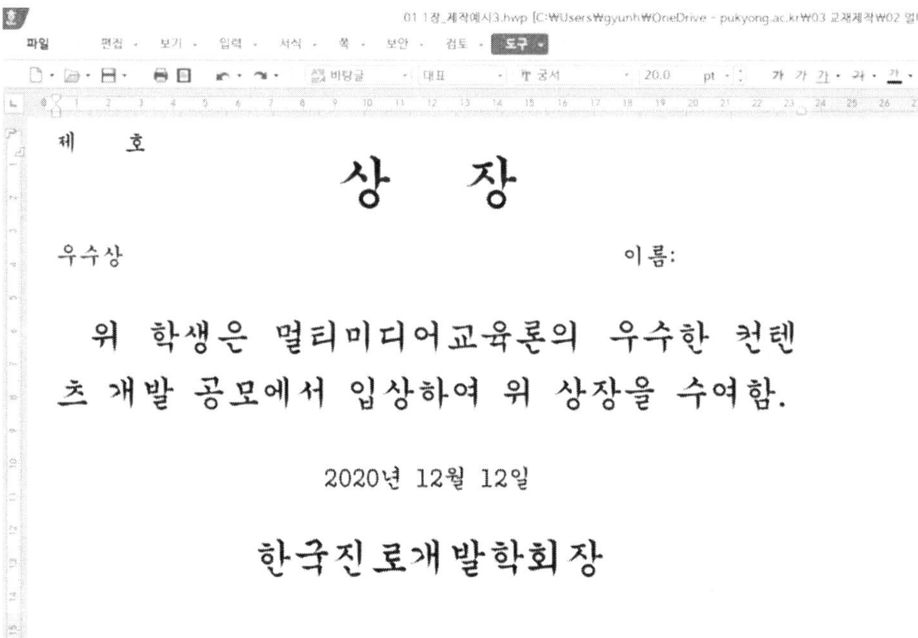

❸ 메일머지 표시 달기(Ctrl+K,M) 메뉴선택

"제 __ 호" 부분과 "이름: ____" 부분을 메일머지를 적용할 예정이다. 따라서 해당부분에 메일 머지 표시가 들어갈 수 있게 메뉴에서 [도구]-[메일머지]-[표시달기](Ctrl+K,M)를 선택한다.

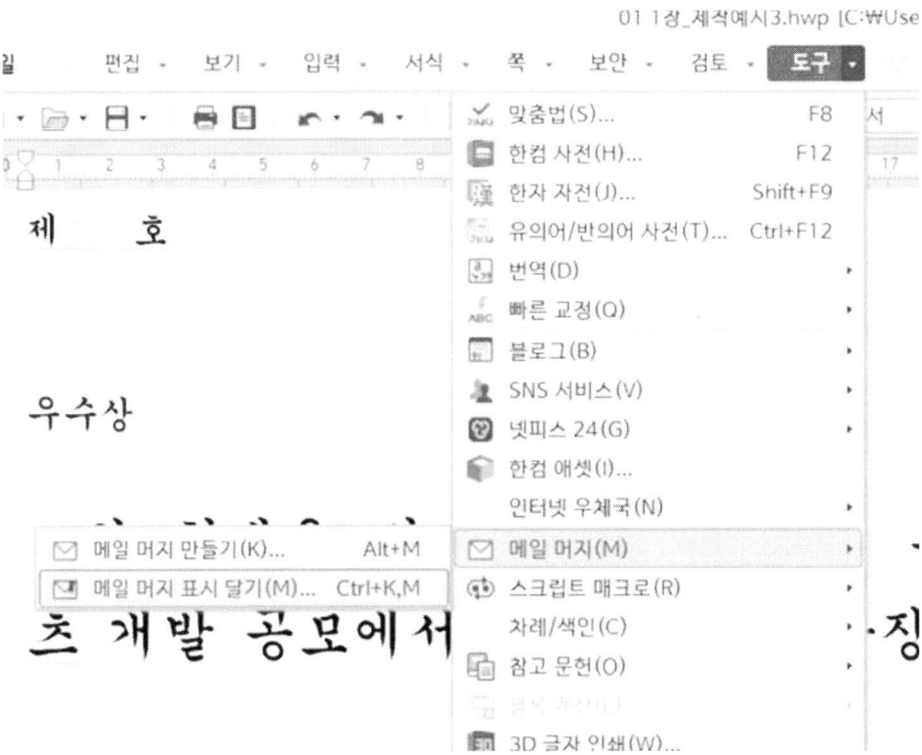

❹ 메일머지표시달기 세부 설정하기

메일머지를 원하는 장소에 커서를 옮긴 후 메일머지 표시달기를 선택한다.

[메일머지표시달기] 창이 열리면 [필드 만들기] 탭을 선택하고 [필드 번호나 이름을 입력하세요] 라고 된 부분에 "1"을 입력하고 넣기를 선택한다. 같은 방식으로 이름에 커서를 두고 같은 방식으로 "2"를 입력하여 표시를 달아준다.

❺ 엑셀 데이터 생성 및 저장

엑셀 화일에서 번호와 이름이 들어가는 데이터를 입력한 후 파일(xls)로 저장한다.

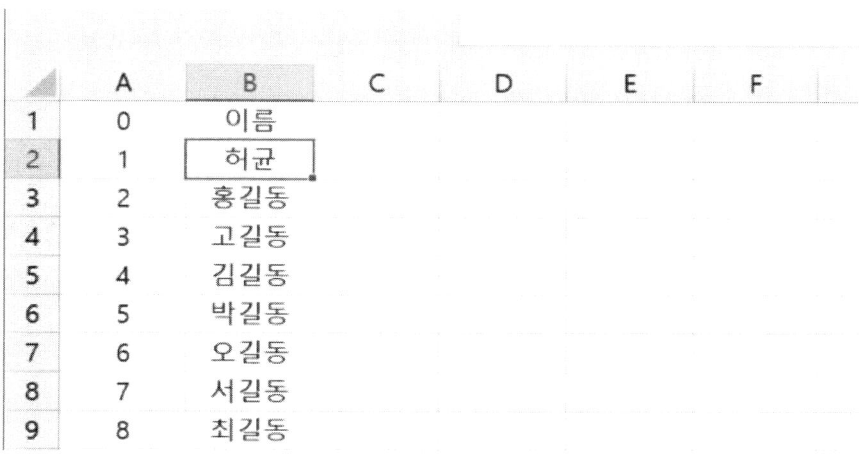

	A	B	C	D	E	F
1	0	이름				
2	1	허균				
3	2	홍길동				
4	3	고길동				
5	4	김길동				
6	5	박길동				
7	6	오길동				
8	7	서길동				
9	8	최길동				

❻ 메일머지 만들기(Alt+M) 메뉴 선택

메뉴에서 [도구]-[메일머지]-[메일 머지 만들기(K)](Alt+M)를 선택한다.

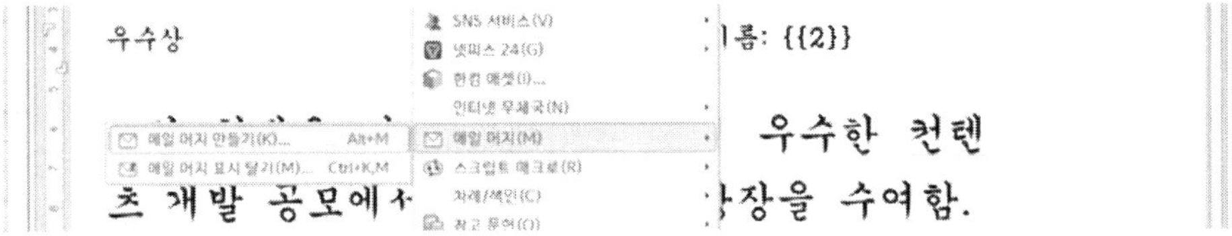

[메일 머지 만들기] 창이 나타나면 [훈글/엑셀 파일]에서 ❺에서 만든 엑셀파일을 지정한다. 출력 방향은“ 프린트”지만 기능 확인을 위해 “화면”으로 설정하였다.

시트 선택은 ❺에서 만든 엑셀파일의 Sheet1 임을 알 수 있다. 이를 선택한다.

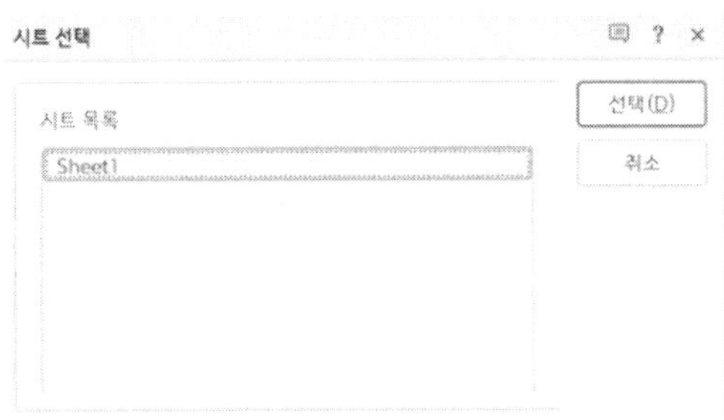

이후 나오는 대화창은 ❺에서 만든 엑셀파일 내용과 매칭되게 설정하면 된다.

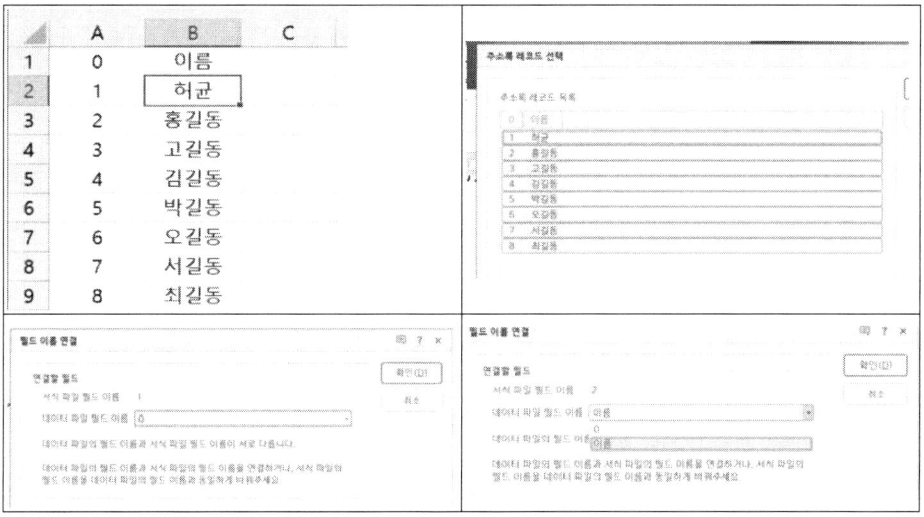

❼ 완성하기

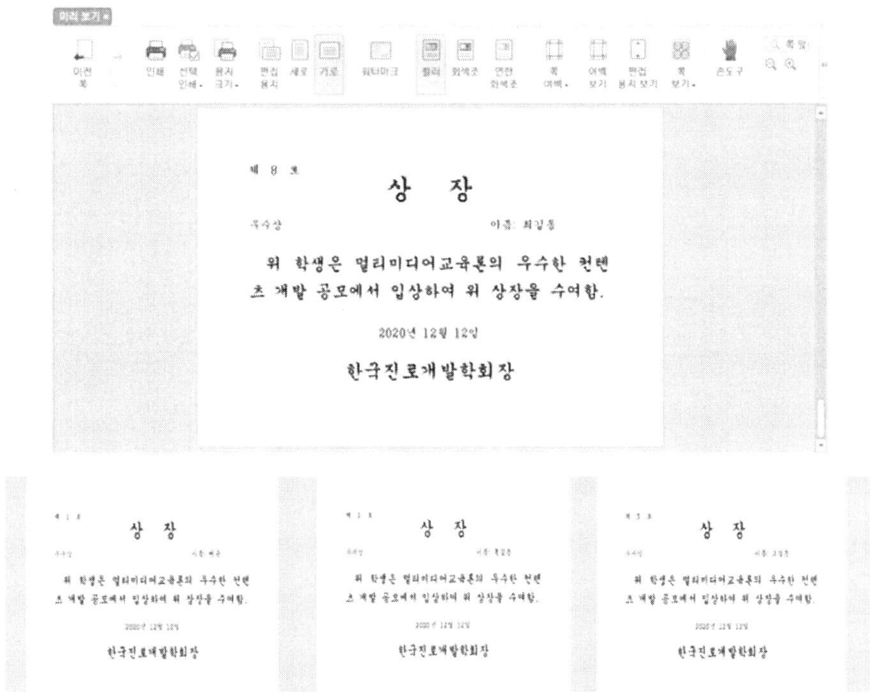

1장 요약

그림 카드 제작

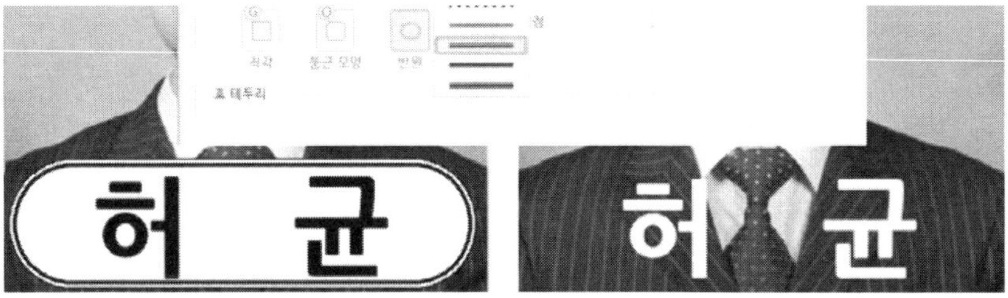

자기소개서 만들기

메일머지 활용하기

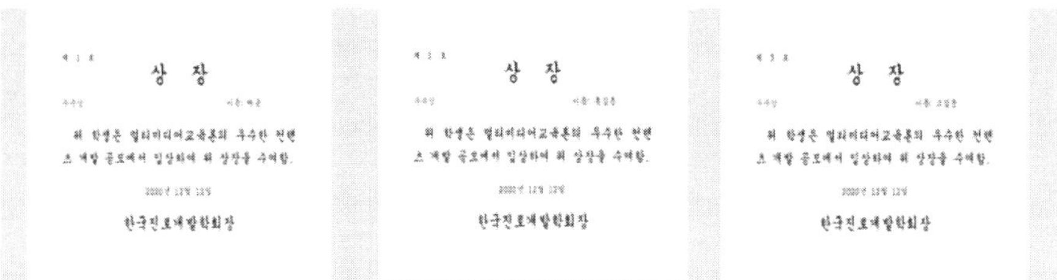

1장 연습문제

1. 그림카드를 ᄒᆞᆫ글로 제작하시오.

2. 이력서를 ᄒᆞᆫ글로 제작하시오.

3. 메일머지를 활용하여 100명의 졸업장을 인쇄하는 방법을 설명하시오.

메 모

Chapter 2

구글 문서 매체제작 실습

1. 공유문서로 PMI 활동지 만들기
2. 그래프 활용 인쇄 자료 만들기

구글 문서 매체제작 실습

1 공유문서로 PMI 활동지 만들기

구글 문서를 활용하여 토론 활동지 양식을 만들고 친구들과 공유문서로 제작해 보자. 문서 양식으로 제공할 PMI는 특정 문제에 대해 장점(+), 단점(-), 재미있는 점(Interesting)을 생각해 보고 토론 결과를 정리하는 양식으로 Bono(1973)가 창안한 방식이다. 교실 수업활동에서 다양한 문제들을 제시하고 여러 사람들의 의견을 들어보고 서로 공유할 수 있는 교육활동 매체가 될 수 있다.

○ 미션: 구글 문서에 PMI를 만들어서 다른 친구들과 문서를 공유한 후 정리한 후 pdf로 저장하시오.

○ 조건: 각자의 토론 주제(자유주제)에 대해 구글 문서 활용 여러 기능 익히기 고 다른 친구들을 초대해서 의견을 추가하고 자신이 종합의견을 제시하시오.

○ 결과물 예시

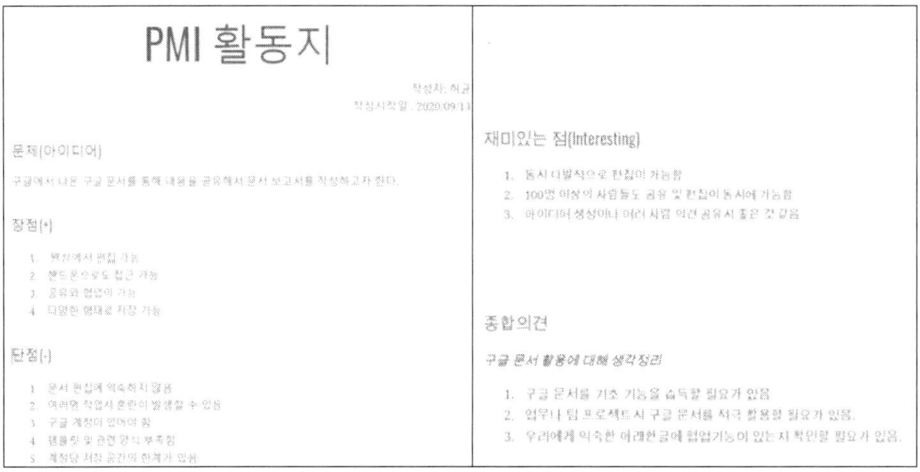

[실행순서]

❶ 크롬에서 구글 문서 실행

gmail 계정 로그인, 구글 문서 실행

+를 누르거나 템플릿에서 원하는 양식 찾아 선택하기

❷ 템플릿 선택 혹은 빈문서 선택

오른쪽 상단 [템플릿 갤러리]를 클릭하면 여러 종류의 템플릿을 볼 수 있다.

원하는 템플릿을 선택한다.

❸ PMI활동지 만들기 및 문서 제목 지정 하기

원하는 스타일이나 양식, 디자인 등을 적용하여 PMI 활동지를 만들고 문제(아이디어)를 입력한다. 왼쪽 상단에 화일명의 제목을 적절히 변경한다. 여기서는 "PMI 활동지1"이라고 하였다.

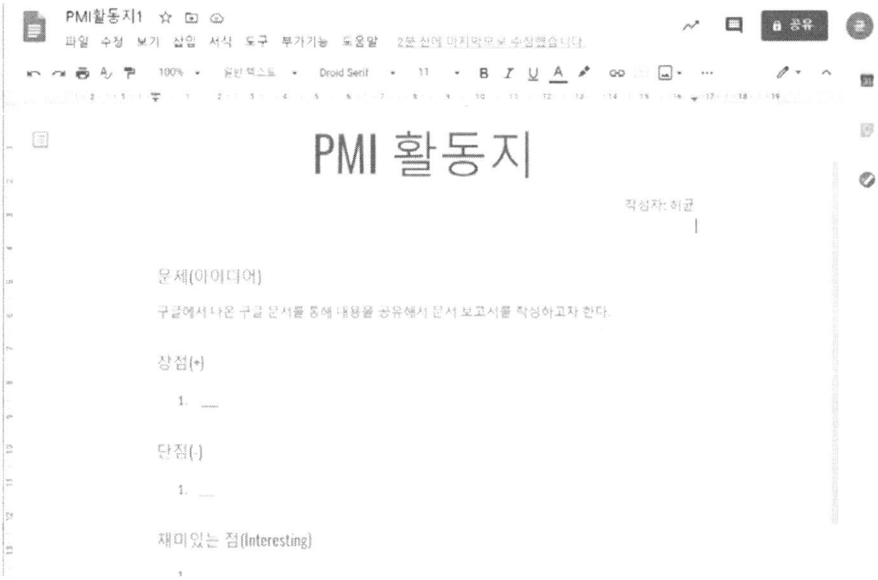

❹ 문서 공유 설정하기

[공유] 버튼을 누르면 아래와 같이 나타나고 문서 공유 초대를 할 수 있다.

오른쪽 상단의 톱니바퀴 모양을 설정을 누르면 [다른 사용자와 공유 설정]이 나타나고,

공유하는 사람이 편집 가능하게 할지 보기만 하게 할지 등을 설정할 수 있다.

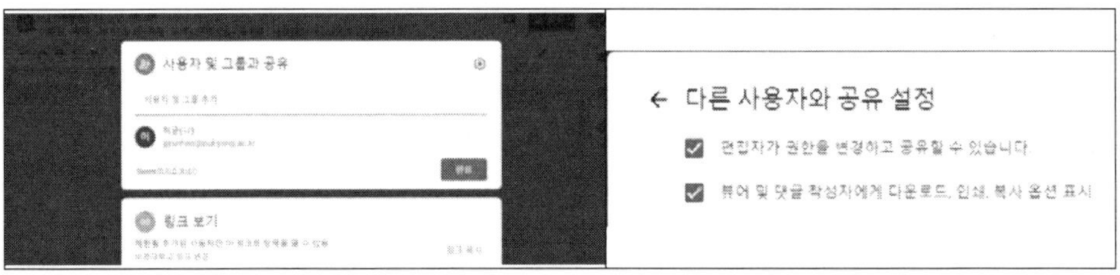

공유할 사람들의 이메일을 추가한다. 여러분들과 같이 작업할 사람들의 gmail 주소를 파악해서 공유에 추가한다.

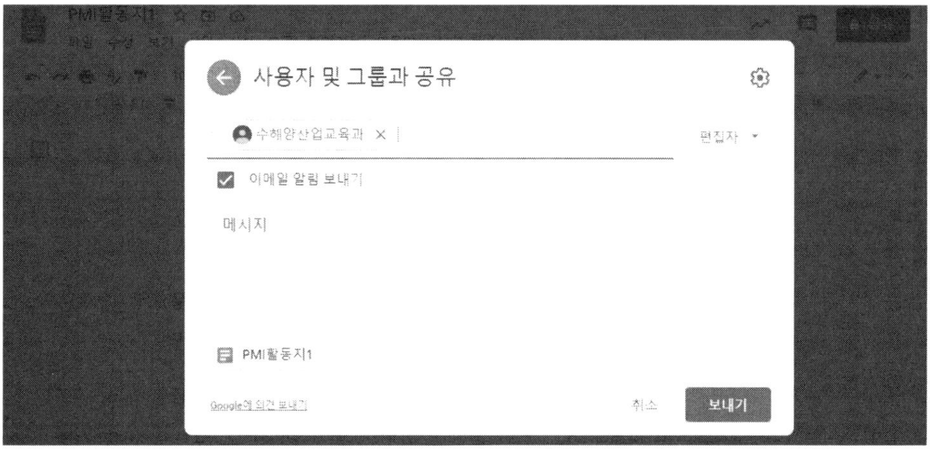

여러 사람에게 댓글이나 메모를 남기기 위해 [삽입]-[댓글]을 누르면 된다.
단축키는 [Ctrl+Alt+M] 이다.

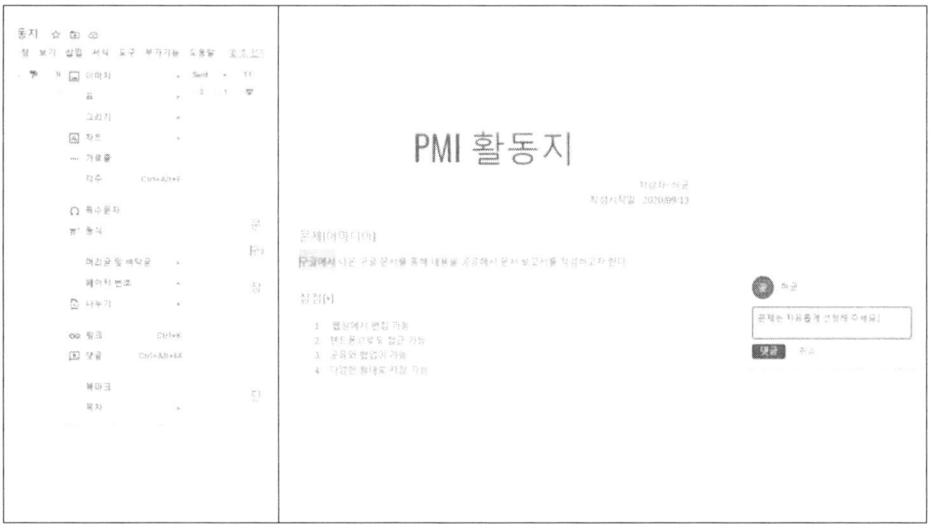

❺ 완성하기

공유된 사람들과 충분히 의견을 나눴으면 [파일]-[다운로드]-[PDF문서]로 저장해서 완성한다.

2 그래프 활용 인쇄 자료 만들기

그래프 인쇄 자료를 만들어 보자. 그래프를 만들기 위해서는 다양한 도구를 활용할 수 있다. 여기서 최종 그래프 인쇄 매체는 구글 DOC에서 pdf로 저장한 것으로 결과물을 만들자. 그래프는 엑셀, 구글 스프레드시트 등을 이용해서 만든다. 만들어진 그래프로 인쇄 자료를 만들어서 수업시간에 활용하는 것을 목표로 한다. 구체적으로 중학교와 전문계고 학생 수 혹은 교사 수의 20년간 변화를 그래프로 나타내어 보자. 학생 수 변화와 교사 수 변화를 미리 살펴보면 앞으로 필요한 교직 인력수에 대한 예측이 가능할 것이다.

○ 미션: **교사 수 변화 추이**를 그래프로 만들어 인쇄물 자료로 만드시오.
(예시 결과물에서는 **학생 수 변화와 교사 임용 정책** 예상으로 만들어 제시함).

○ 조건: 데이터 수집, 그래프 작성- 엑셀 혹은 구글 스프레드시트 활용, 인쇄물 자료-구글문서 혹은 한글 활용

○ 결과물 예시

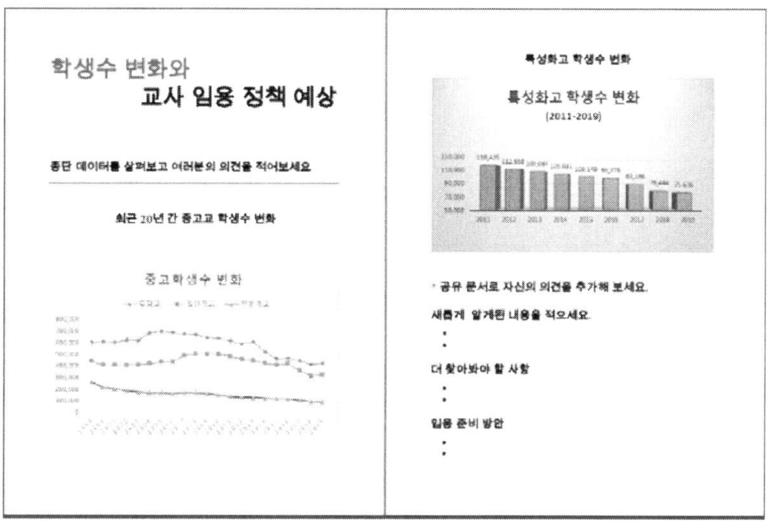

[실행순서]

❶ 데이터 확인

국가에서 제공하는 교육통계 서비스(https://kess.kedi.re.kr/index)를 활용한다. 본 예제에서 활용하는 통계명은 "연도별 입학자"이며 주제별(교육통계〉유초중등통계〉연도별 추이)이나 학교급별(교육통계〉유초중등통계〉연도별 추이) 결과로부터 아래와 같이 확인할 수 있다.

출처: https://kess.kedi.re.kr/index

❷ 데이터 가져오기

"통계표 보기"의 우측에 원하는 데이터 형식을 선택한다. 우리는 엑셀을 선택해서 데이터를 여러분의 컴퓨터로 가져온다.

연도	시도	계	유치원	초등학교	중학교	고등학교 계	일반계고	전문계고	일반고	특목고	특성화고	자율고	특수학교	공민학교	고등공민	고등기술학교	각종학교
1999	전체	2,410,118	360,689	737,766	608,145	709,940	445,473	264,467	0	0	0	0	7,262	50	144	3,882	2,240
2000	전체	2,285,593	355,087	669,609	613,074	633,932	413,091	220,841	0	0	0	0	7,604	50	149	2,875	3,213
2001	전체	2,277,081	345,078	687,047	609,314	620,794	412,864	207,930	0	0	0	0	7,519	50	101	2,856	4,320
2002	전체	2,274,857	346,902	686,335	626,455	600,245	411,007	189,238	0	0	0	0	7,814	61	41	2,615	4,409
2003	전체	2,226,927	332,405	663,100	623,842	593,922	415,122	178,800	0	0	0	0	7,663	50	67	1,900	3,378
2004	전체	2,283,411	326,527	656,972	689,414	597,120	424,058	173,062	0	0	0	0	8,282	50	54	1,811	3,181
2005	전체	2,272,933	320,452	624,511	703,800	611,396	438,357	173,039	0	0	0	0	7,401	40	72	1,777	3,484
2006	전체	2,215,227	316,177	607,902	690,037	608,457	440,540	167,917	0	0	0	0	7,393	27	68	1,673	3,491
2007	전체	2,281,442	309,386	610,769	679,762	669,850	495,630	174,220	0	0	0	0	7,584	25	40	1,340	3,486
2008	전체	2,204,153	295,485	540,799	675,779	681,444	510,288	171,156	0	0	0	0	8,177	60	115	773	3,523
2009	전체	2,089,191	284,537	469,592	652,115	670,486	507,349	163,137	0	0	0	0	7,596	14	50	596	4,205
2010	전체	2,086,916	289,793	476,291	644,140	663,457	506,315	157,142	0	0	0	0	8,003	0	107	555	4,570
2011	전체	2,063,484	304,146	457,957	622,095	665,423	0	0	488,845	21,692	118,435	36,451	8,503	0	68	535	4,737
2012	전체	1,990,770	312,920	422,242	596,671	645,268	0	0	463,722	21,952	112,558	47,036	8,406	0	94	527	4,642
2013	전체	2,018,925	323,993	436,621	610,898	634,699	0	0	452,525	22,640	109,084	50,450	8,650	0	129	429	3,506
2014	전체	1,939,973	313,673	479,304	528,611	606,063	0	0	430,079	22,562	105,011	48,411	8,682	0	96	456	3,088
2015	전체	1,854,338	332,248	457,679	466,948	586,983	0	0	416,697	22,864	100,140	47,282	8,216	0	73	395	3,796
2016	전체	1,835,257	325,099	435,220	470,697	592,116	0	0	424,067	22,837	98,278	46,934	8,852	0	54	386	2,833
2017	전체	1,754,228	308,648	459,105	452,216	522,510	0	0	367,655	22,760	89,146	42,949	8,285	0	40	343	2,581

❸ 데이터 클리닝

필요한 데이터만 남기고 나머지는 삭제한다. 2011년에 고등학교 분류체계가 바뀌어 일반계고와 전문계고에 변환해서 넣었다. 2011년 이후 전문계고 데이터는 특목고와 특성화고가 들어가 있다.

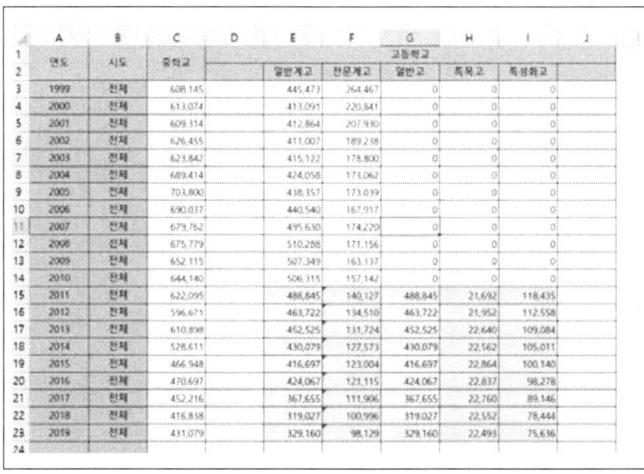

연도	시도	중학교	고등학교	일반계고	전문계고	일반고	특목고	특성화고
1999	전체	608,145		445,473	264,467	0	0	0
2000	전체	613,074		413,091	220,841	0	0	0
2001	전체	609,314		412,864	207,930	0	0	0
2002	전체	626,455		411,007	189,238	0	0	0
2003	전체	623,842		415,122	178,800	0	0	0
2004	전체	689,414		424,058	173,062	0	0	0
2005	전체	703,800		438,357	173,039	0	0	0
2006	전체	690,037		440,540	167,917	0	0	0
2007	전체	679,762		495,630	174,220	0	0	0
2008	전체	675,779		510,288	171,156	0	0	0
2009	전체	652,115		507,349	163,137	0	0	0
2010	전체	644,140		506,315	157,142	0	0	0
2011	전체	622,095		488,845	140,127	488,845	21,692	118,435
2012	전체	596,671		463,722	134,510	463,722	21,952	112,558
2013	전체	610,898		452,525	131,724	452,525	22,640	109,084
2014	전체	528,611		430,079	127,573	430,079	22,562	105,011
2015	전체	466,948		416,697	123,004	416,697	22,864	100,140
2016	전체	470,697		424,067	121,115	424,067	22,837	98,278
2017	전체	452,216		367,655	111,906	367,655	22,760	89,146
2018	전체	416,838		319,027	100,996	319,027	22,552	78,444
2019	전체	431,079		329,160	98,129	329,160	22,493	75,636

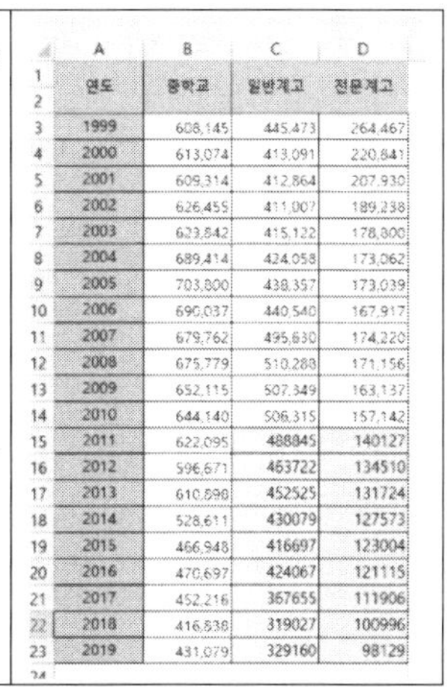

연도	중학교	일반계고	전문계고
1999	608,145	445,473	264,467
2000	613,074	413,091	220,841
2001	609,314	412,864	207,930
2002	626,455	411,007	189,238
2003	623,842	415,122	178,800
2004	689,414	424,058	173,062
2005	703,800	438,357	173,039
2006	690,037	440,540	167,917
2007	679,762	495,630	174,220
2008	675,779	510,288	171,156
2009	652,115	507,349	163,137
2010	644,140	506,315	157,142
2011	622,095	488845	140127
2012	596,671	463722	134510
2013	610,890	452525	131724
2014	528,611	430079	127573
2015	466,948	416697	123004
2016	470,697	424067	121115
2017	452,216	367655	111906
2018	416,838	319027	100996
2019	431,079	329160	98129

❹ 그래프 만들기

데이터를 선택한 후 메뉴에서 [삽입]에서 꺾은선 그래프를 선택한다.

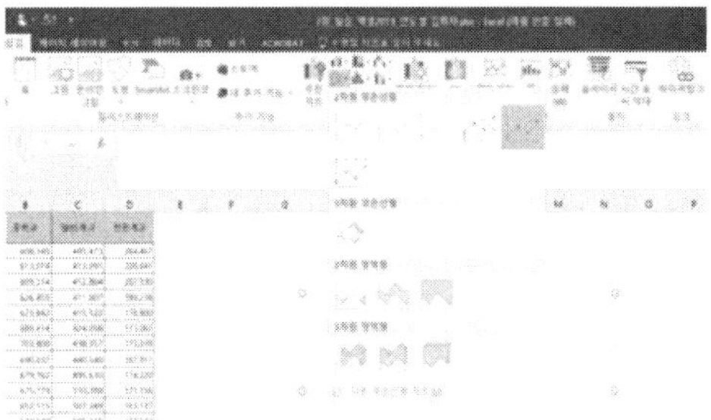

그리고 디자인에 나오는 원하는 형태를 선택하면 그래프가 완성된다.

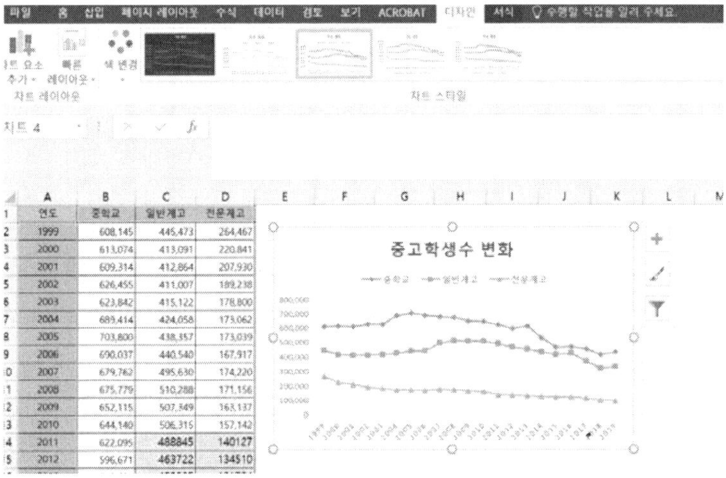

마찬가지 방식으로 특성화고 학생 수만 그래프로 작성해 보면 아래와 같다. 그래프 모양을 막대그래프로 바꿔보자.

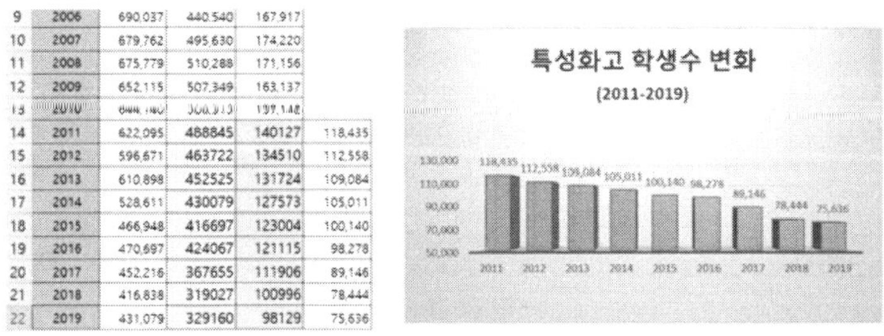

❺ 완성하기

공유된 사람들과 충분히 의견을 나눴으면 [파일]-[다운로드]-[PDF문서]로 저장해서 완성한다.

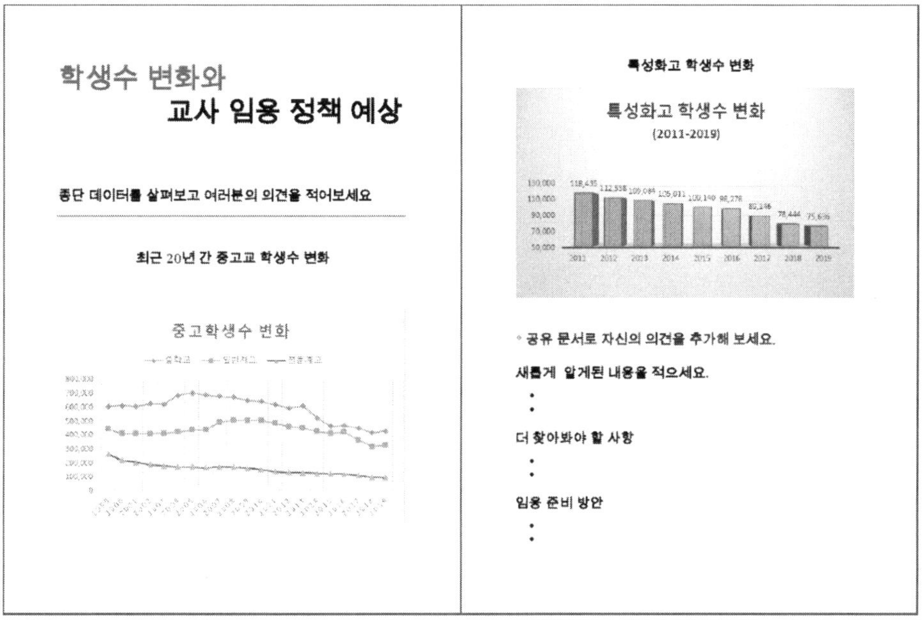

2장 요약

공유문서로 PMI 활동지 만들기

구글 문서의 공유기능을 활용하여 동적 PMI 작성

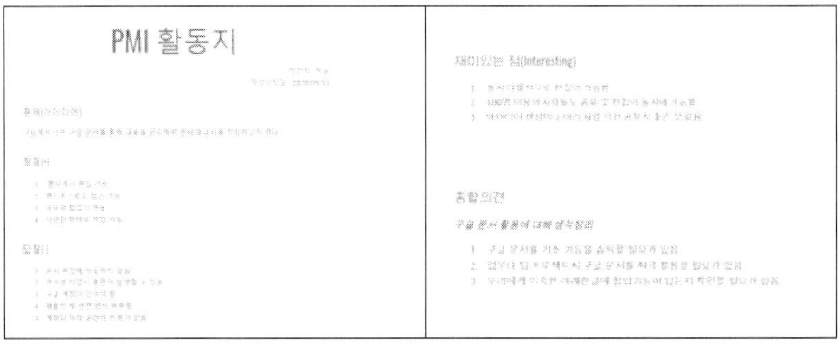

그래프 활용 인쇄자료 만들기

엑셀, 구글스프레드 시트 등의 그래픽 작성 기능을 활용하여 구글 문서로 인쇄자료 만들기

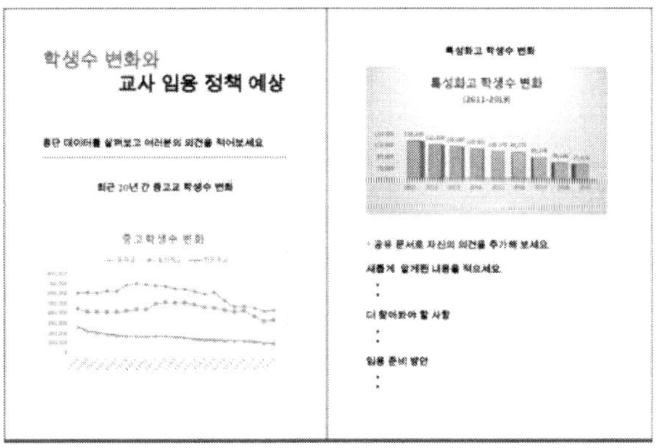

2장 연습문제

1. 구글 문서를 활용하여 토론을 공유 문서로 할 수 있게 제작하시오.

2. 교육 통계와 관련된 내용을 그래프를 활용하여 인쇄자료를 제작하시오.

메 모

Chapter 3

설문 조사 분석 매체제작 실습

1. 설문 조사 매체 만들기

2. 설문 조사 분석 결과 매체 만들기

●●● 제3장

설문 조사 분석 매체제작 실습

학습자 요구분석은 학습대상으로 부터 다양한 의견을 수집하고 분석하는 활동이다. 학습자 요구분석 매체제작 실습에서는 학습자의 의견을 수집하기 위한 학습자 요구조사 매체 만들기를 실습한다. 그리고 조사 되어진 자료를 분석하여 이를 보고하거나 수업에서 활용하기 위한 요구분석 결과 매체 만들기를 실습한다.

1 설문 조사 매체 만들기

성공적인 매체 제작을 위해 학습자나 소비자의 의견을 미리 파악해서 개발에 반영하는 것은 좋은 아이디어이다. 이를 구체적으로 요구 조사 매체를 만들어 보자. 구체적으로 예비교사 친구들을 대상으로 설문조사를 수행해 보자.

○ 미션: **설문 문항을 만들어 요구조사매체(설문조사 사이트)**를 통해 데이터를 수집하시오.

(설문 주제에 대해 예시 결과물에서는 **멀티미디어 매체 희망 유형 조사**를 만들어 제시함).

○ 조건: 설문 주제를 선정하세요.
문항은 5개 내외로 설정하세요.
설문 작성 후 설문 조사주소를 배포하세요.
설문지는 pdf로 백업하세요.
구글 설문을 활용하세요.

○ 결과물 예시

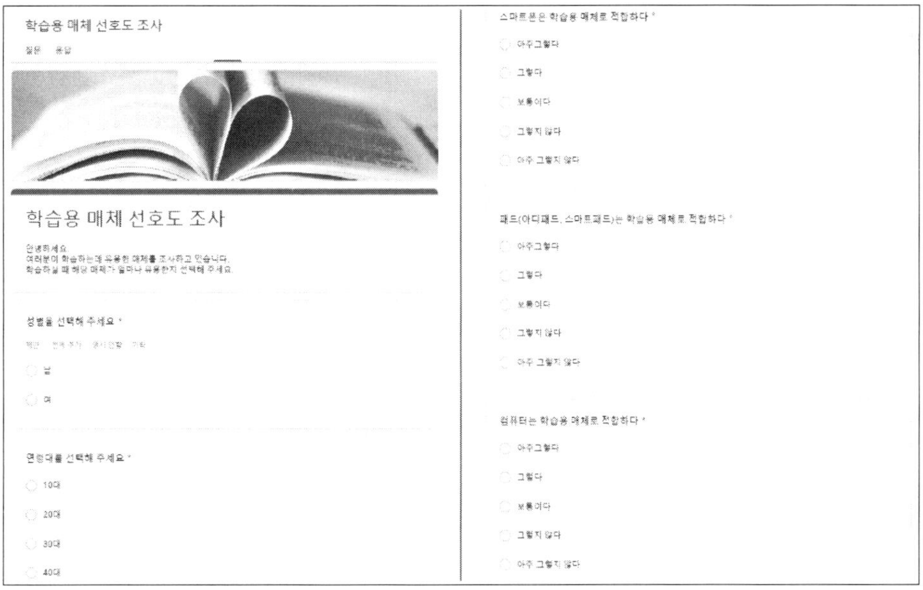

[실행순서]

❶ 구글 설문 선택

구글에서 제공하는 도구를 열어 구글 설문을 선택한다.

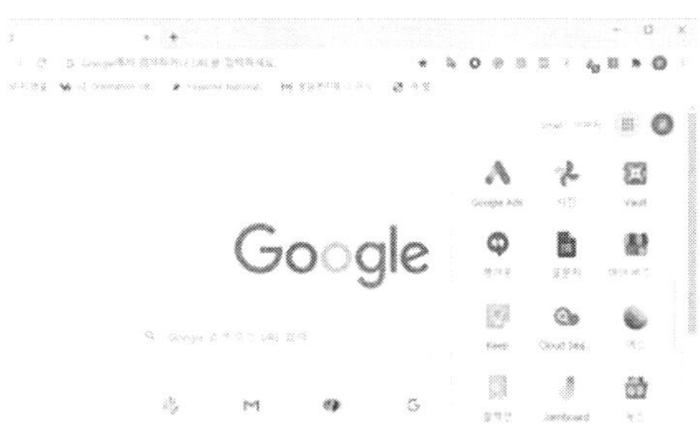

❷ 새 양식 시작하기

구글에서 제공하는 템플릿 갤러리를 선택해서 원하는 디자인의 설문을 선택하거나 내용없음(+)를 선택한다.

❸ 설문지 작성하기

설문 제목에 적절한 이름을 붙인다. 그리고 준비되어진 설문 항목과 안내서를 바탕으로 작성한다.

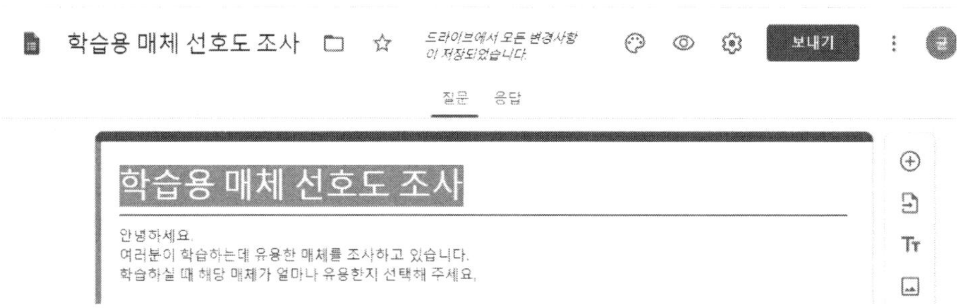

❹ 설문 문항 추가하기

준비 되어진 설문을 바탕으로 설문 문항을 추가한다. 응답 방식에 따라 객관식, 단답형, 장문형 등 다양한 유형이 있다. 설문 문항에 맞게 적절히 선택해서 작성해 보자.

아래의 아이콘 중 필수를 선택하면 반드시 응답해야 다음으로 넘어가는 설문이 된다.

❺ 설문 주소 단축하기

처음 설문 주소가 길기 때문에 조금 간략히 나타낼 필요가 있다.

[보내기]를 클릭하면 여러 가지 설정하는 것이 나타난다. 이 중 긴 URL 주소를 단축할 수 있게 [URL 단축]을 클릭하면 단축된 주소를 볼 수 있다.

이 주소를 설문조사 주소로 활용한다. 이를 통해 다양한 요구조사를 할 수 있다.

❻ 완성하기

완성된 것에 대한 자료 백업을 위해 출력해서 [PDF문서]로 저장해서 완성한다.

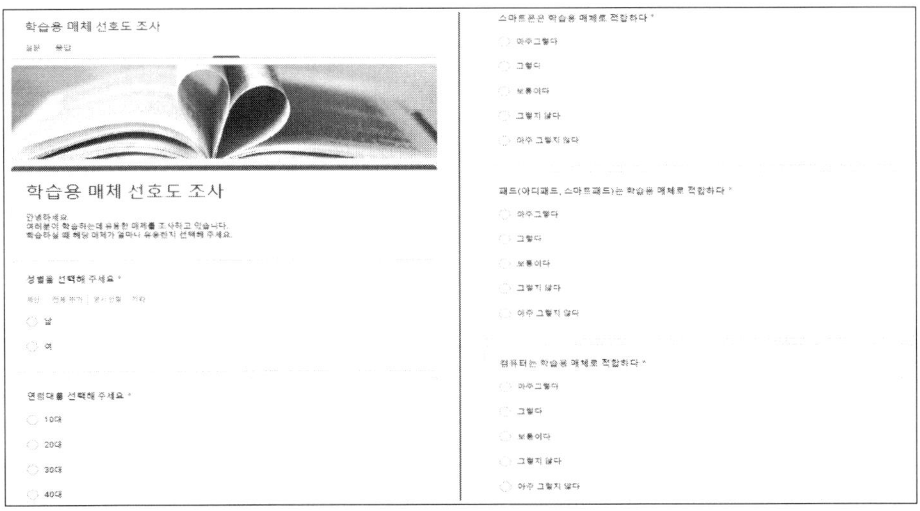

2 설문 조사 분석 결과 매체 만들기

설문 조사된 내용을 바탕으로 다양한 요구 분석에 대한 결과 매체를 제작할 수 있다. 여러분이 조사한 내용을 바탕으로 요구분석 결과 매체를 만들어 보자. 결과 매체는 보고용이나 수업 자료용으로 쓰일 수 있을 것이다.

○ 미션: **학습용 매체 선호도 조사 결과**를 다양하게 분석 및 보고하시오
(예: 성별에 따라 학습용 매체 선호도 차이가 있는지 가설 검증 후 보고)

○ 조건: 응답 결과에 대한 기본적인 내용을 보고하시오.
설문 응답 결과 받으시오.
데이터 재코딩 작업을 하시오.
가설 설정에 따른 응용 결과를 보고하시오.
주관식 응답은 워드 크라우드로 제시하시오.
ppt나 pdf로 결과를 제시하시오.

○ 결과물 예시

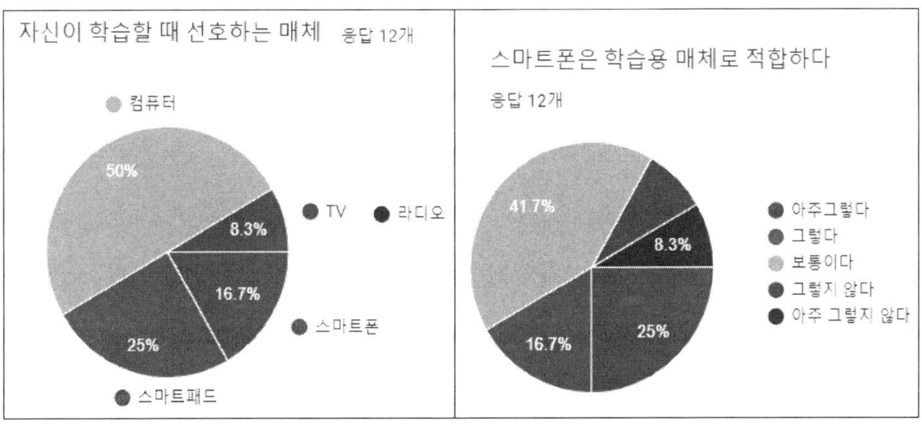

(앞에서 계속)

가설: **성별에 따라 학습용 매체 선호도 차이가 있는가**

분석결과

1) 통계분석 결과 컴퓨터는 성별에 따라 유의한 차이가 있음.

2) 스마트폰은 성별에 따라 유의한 차이가 없음.

▸ T 검정

집단통계량

	성별	N	평균	표준화 편차	표준오차 평균
컴퓨터	1	6	4.17	.753	.307
	0	6	3.17	.408	.167
스마트폰	1	6	3.67	1.211	.494
	0	6	3.17	1.329	.543

독립표본 검정

		Levene의 등분산 검정		평균의 동일성에 대한 T 검정					차이의 95% 신뢰구간	
		F	유의확률	t	자유도	유의확률 (양측)	평균차이	표준오차 차이	하한	상한
컴퓨터	등분산을 가정함	1.712	.220	2.860	10	.017	1.000	.350	.221	1.779
	등분산을 가정하지 않음			2.860	7.707	.022	1.000	.350	.188	1.812
스마트폰	등분산을 가정함	.068	.799	.681	10	.511	.500	.734	-1.136	2.136
	등분산을 가정하지 않음			.681	9.915	.511	.500	.734	-1.138	2.138

매체에 대한 경험 중
언제, 어디서나, 좋았다, 모르는,
스마트 패드, 설명 등이 많은
단어로 등장하였음.

[실행순서]

❶ 응답 확인하기

구글에서 제공하는 설문에 대한 요약을 활용하여 필요한 결과와 차트 등을 활용한다.

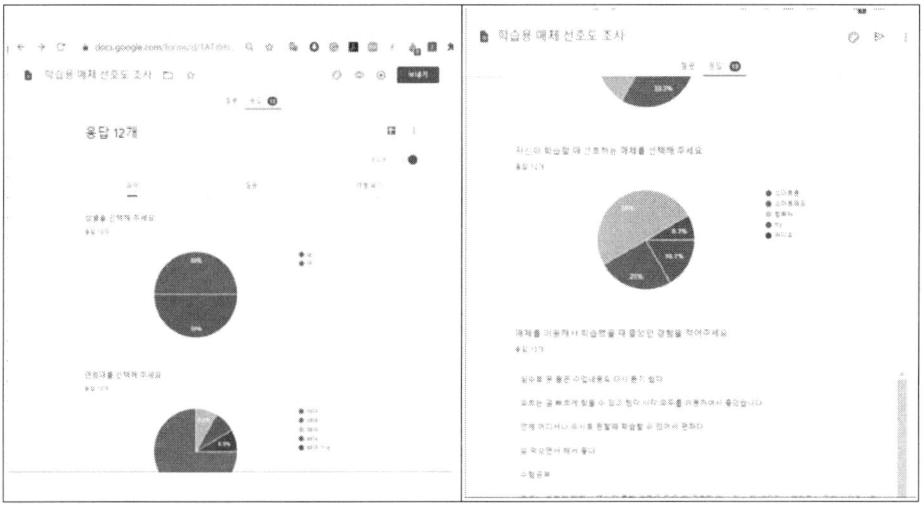

❷ 데이터 화일 다운 받기

[응답 다운로드(.csv)] 를 선택해서 설문 데이터 화일을 다운 받는다.

❸ 엑셀로 열어 보기

csv 화일을 엑셀로 열어본다.

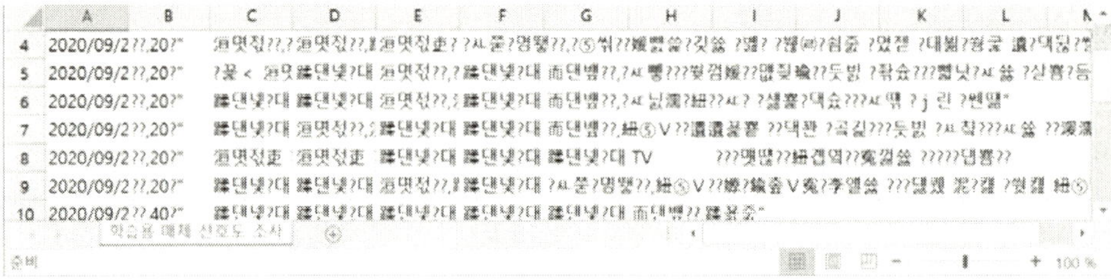

한글이 깨질 경우 메모장으로 열어 ANSI 타입으로 다시 저장한다.

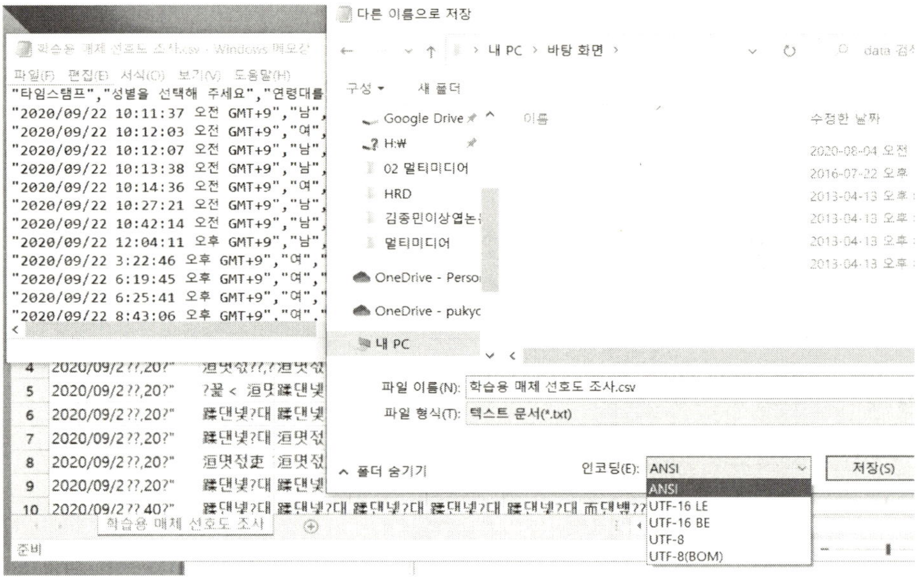

다시 열면 엑셀화일로 열리는 것을 확인할 수 있다.

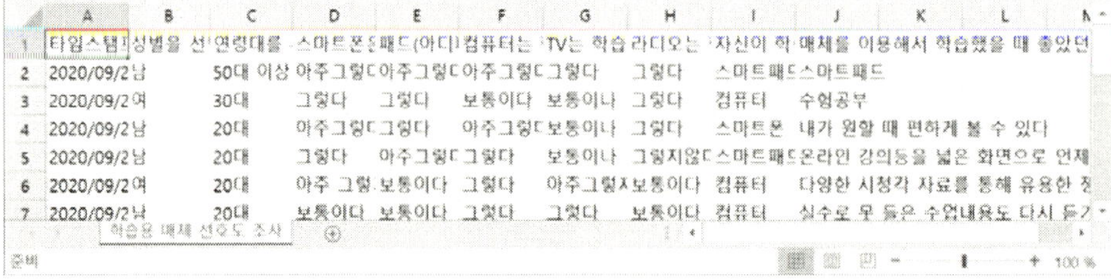

❹ 코딩하기

응답 내용을 코딩해서 나타낸다. 남 1, 여 0, 10대 1, 20대 2, ..., 아주그렇다 5, 그렇다 4, ... 아주그렇지않다 1 등과 같이 적절한 코드로 바꾼다.

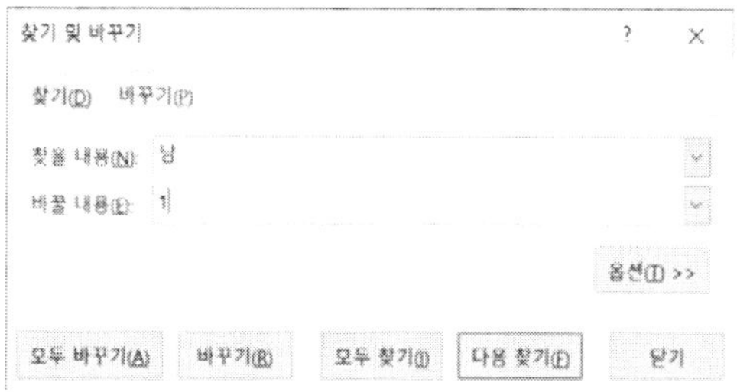

코딩을 어느 정도 완성하면 아래 그림과 같다. 이렇게 하면 데이터 분석을 위한 초기 준비가 되었다.

A	B	C	D	E	F	G	H	I	J	K	L	M
id	성별	연령	스마트폰	패드	컴퓨터	TV	라디오	선호 매체	경험			
1	1	5	5	5	5	4	4	2	스마트패드			
2	0	3	4	4	3	3	4	3	수험공부			
3	1	2	5	4	5	3	4	1	내가 원할 때 편하게 볼 수 있다			
4	1	2	4	5	4	3	2	2	온라인 강의등을 넓은 화면으로 언제 어			
5	0	2	1	3	4	1	3	3	다양한 시청각 자료를 통해 유용한 정보			
6	1	2	3	3	4	4	3	3	실수로 못 들은 수업내용도 다시 듣기			
7	1	2	3	4	4	3	3	3	모르는 부분에 대해서 영상을 통해 설명			
8	1	2	2	2	3	3	3	4	나 자신이 몰랐던 것을 알 수 있었다.			
9	0	2	3	3	4	3	3	2	모르는 걸 빠르게 찾을 수 있고 청각 시			
10	0	4	3	3	3	3	3	3	별로			
11	0	2	5	5	5	2	4	1	언제 어디서나 수시로 원할때 학습할 수			
12	0	2	3	3	4	3	1	3	모 먹으면서 해서 좋다			
1	남						1	스마트폰				
0	여						2	스마트패드				
							3	컴퓨터				
							4	TV				

❺ 가설 설정 및 통계 분석하기

가설은 "성별에 따라 학습용 매체 선호도 차이가 있는가" 이다. 가설 검증을 위해 엑셀이나 SPSS 프로그램을 활용할 수 있다. 여기서는 SPSS를 활용하였다. 호환을 위해 데이터를 엑셀 화일로 변환해서 저장 후 SPSS에서 읽어온다. 프로그램 설치과정은 지면 관계상 생략하니 인터넷을 참고하기 바란다.

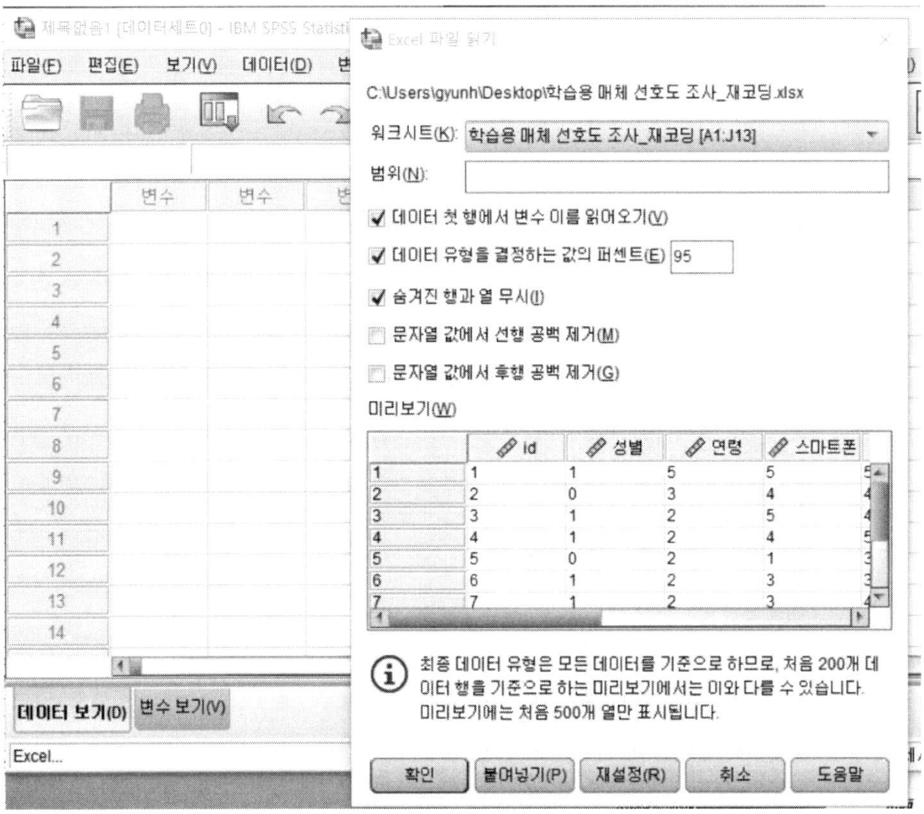

SPSS 화일로 저장된 파일은 다음과 같다.

가설은 "성별에 따라 학습용 매체 선호도 차이가 있는가"를 확인하기 위해 t분석 방식을 사용할 것이다. [분석]-[평균비교]-[독립표본 t검정]을 선택한다.

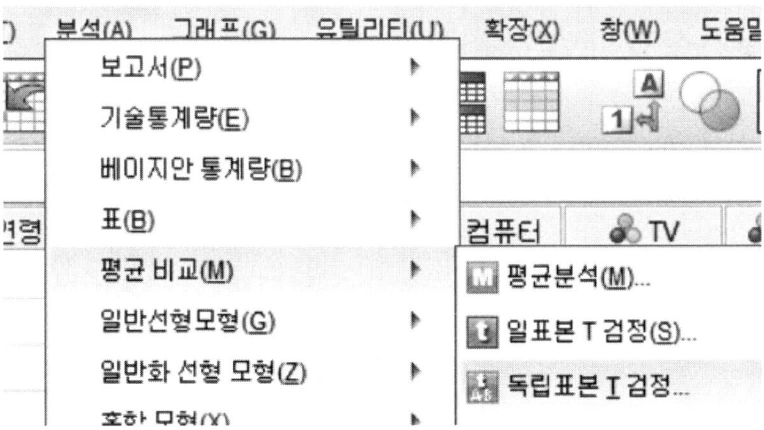

이후 검정 변수와 집단 변수를 설정한다.

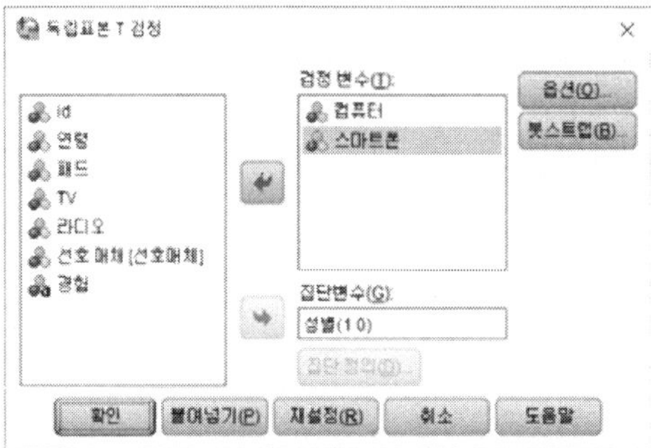

검증 결과 컴퓨터에 대해서는 성별 간 차이가 있는 것으로 나타났고, 스마트폰에 대해서는 성별간 차이가 없는 것으로 나타났다. 유의확률을 살펴보면 .05 이하의 경우 유의한 차이가 있는 것으로 해석할 수 있다.

T 검정

집단통계량

	성별	N	평균	표준화 편차	표준오차 평균
컴퓨터	1	6	4.17	.753	.307
	0	6	3.17	.408	.167
스마트폰	1	6	3.67	1.211	.494
	0	6	3.17	1.329	.543

독립표본 검정

		Levene의 등분산 검정		평균의 동일성에 대한 T 검정					차이의 95% 신뢰구간	
		F	유의확률	t	자유도	유의확률 (양측)	평균차이	표준오차 차이	하한	상한
컴퓨터	등분산을 가정함	1.712	.220	2.860	10	.017	1.000	.350	.221	1.779
	등분산을 가정하지 않음			2.860	7.707	.022	1.000	.350	.188	1.812
스마트폰	등분산을 가정함	.068	.799	.681	10	.511	.500	.734	-1.136	2.136
	등분산을 가정하지 않음			.681	9.915	.511	.500	.734	-1.138	2.138

❻ 워드크라우드 만들기

주관식 설문 응답 분석을 위해 시각화 분석 방식 중 하나인 워드크라우드 형식으로 시각화한다. 워드크라우드를 만드는 방식은 많이 있지만 여기서는 홈페이지에서 제공되는 서비스를 이용하자. http://wordcloud.kr/ 사이트로 들어간다.

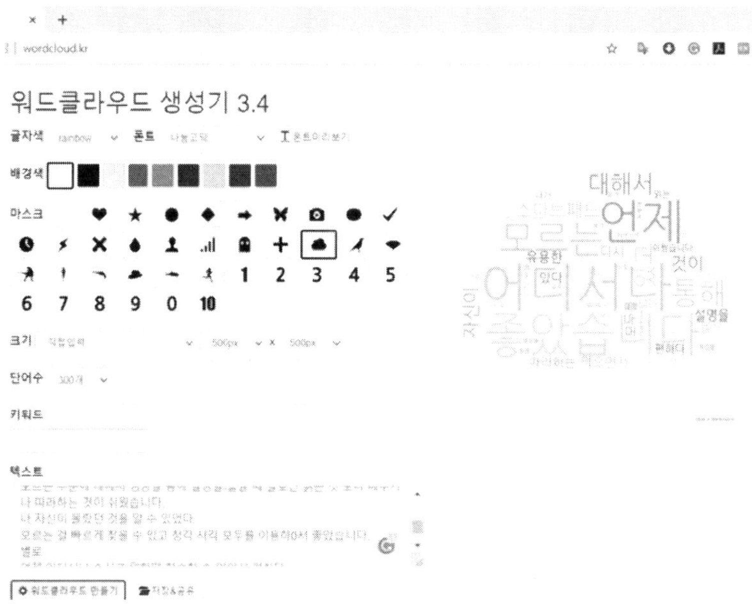

❼ 결과 보고서를 작성한다.

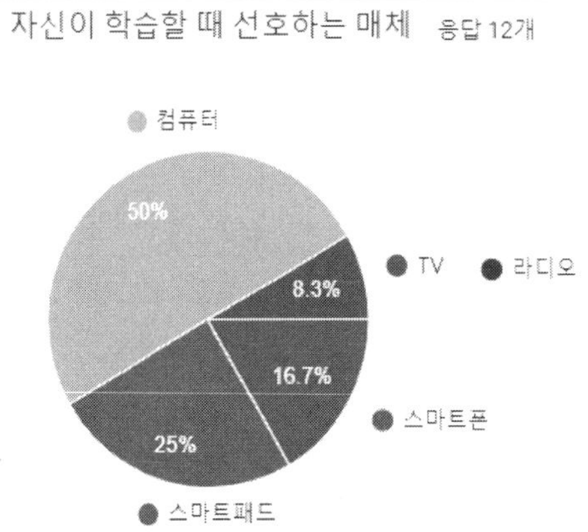

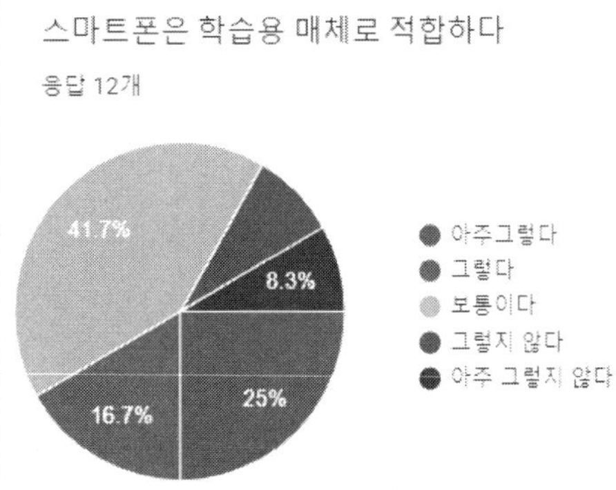

가설: **성별에 따라 학습용 매체 선호도 차이가 있는가**

분석결과

1) 통계분석 결과 컴퓨터는 성별에 따라 유의한 차이가 있음.

2) 스마트폰은 성별에 따라 유의한 차이가 없음.

▸ T 검정

집단통계량

	성별	N	평균	표준화 편차	표준오차 평균
컴퓨터	1	6	4.17	.753	.307
	0	6	3.17	.408	.167
스마트폰	1	6	3.67	1.211	.494
	0	6	3.17	1.329	.543

독립표본 검정

		Levene의 등분산 검정		평균의 동일성에 대한 T검정						
									차이의 95% 신뢰구간	
		F	유의확률	t	자유도	유의확률 (양측)	평균차이	표준오차 차이	하한	상한
컴퓨터	등분산을 가정함	1.712	.220	2.960	10	.017	1.000	.350	.221	1.779
	등분산을 가정하지 않음			2.960	7.707	.022	1.000	.350	.188	1.812
스마트폰	등분산을 가정함	.068	.799	.681	10	.511	.500	.734	-1.136	2.136
	등분산을 가정하지 않음			.681	9.915	.511	.500	.734	-1.138	2.138

매체에 대한 경험 중
언제, 어디서나, 좋았다, 모르는,
스마트 패드, 설명 등이 많은
단어로 등장하였음.

3장 요약

설문조사 매체 만들기

학습용 매체 선호도에 대한 설문조사를 만들어 보자.

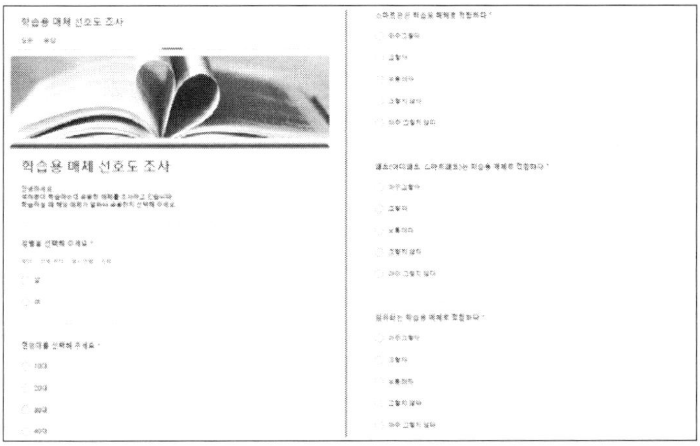

설문조사 분석 결과 매체 만들기

매체에 대한 경험 중
언제, 어디서나, 좋았다, 모르는,
스마트 패드, 설명 등이 많은
단어로 등장하였음.

3장 연습문제

1. 설문조사 문서를 제작하시오.

2. 설문조사 결과를 분석하고 보고서를 작성하시오.

메 모

메 모

Chapter 4

멀티미디어 교육자료 수집 매체제작 실습

1. 이미지, 소리, 영상 자료 수집
2. 이미지 자료 제작과 편집
3. 소리 자료 제작과 편집

●●● 제4장

멀티미디어 교육자료 수집 매체제작 실습

멀티미디어 자료를 수집하는 것은 다양하고 풍부한 교육활동을 위한 기초 자원이 된다. 우리의 일상적 주위에 있는 이미지, 소리, 영상 등을 교육자료로 활용하기 위해 스마트폰이나 스마트기기를 활용하여 저장하거나 인터넷이나 컴퓨터를 활용하여 필요한 자료를 수집할 수 있다. 여기서는 멀티미디어 교육 자료를 검색하고, 저장하여 수업에서 활용하기 위한 멀티미디어 매체 만들기를 실습한다.

1 이미지, 소리, 영상 자료 수집

성공적인 교육활동을 위해 특정한 교육 주제에 대해 인터넷이나 다양한 자료들을 수집하는 것이 필요하다. 이를 체험하기 위해 구체적인 주제를 선정해서 기존에 있는 교육 자료들을 탐색하여 샘플 교육컨텐츠를 제작해 보자.

○ 미션: **"나일주 교수의 인간시각지능 이론"에 대한 이미지, 소리, 영상자료**를 인터넷 검색 등을 통해 수집해서 슬라이드를 제작하시오.

○ 조건: 이미지, 소리, 영상자료 탐색, 저장해서 활용하시오.
양식으로 올려진 ppt화일을 활용하여 슬라이드 1-2장으로 구성하시오.

○ 결과물 예시

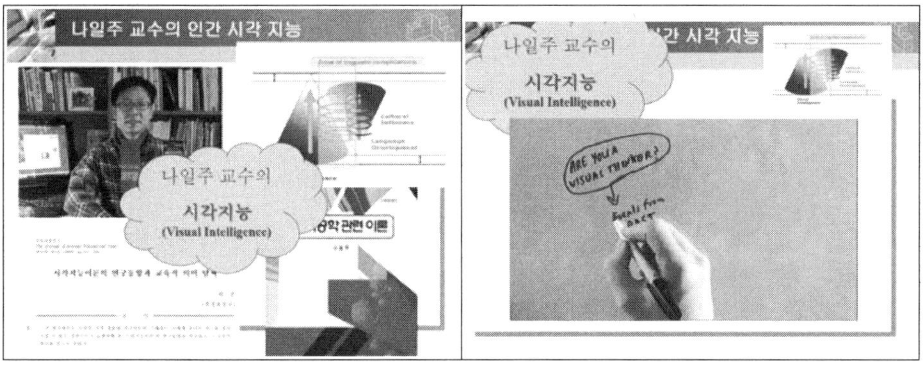

[실행순서]

❶ 인터넷 자료를 검색

구글, 네이버 등의 자료를 통해 원하는 자료를 검색한다.

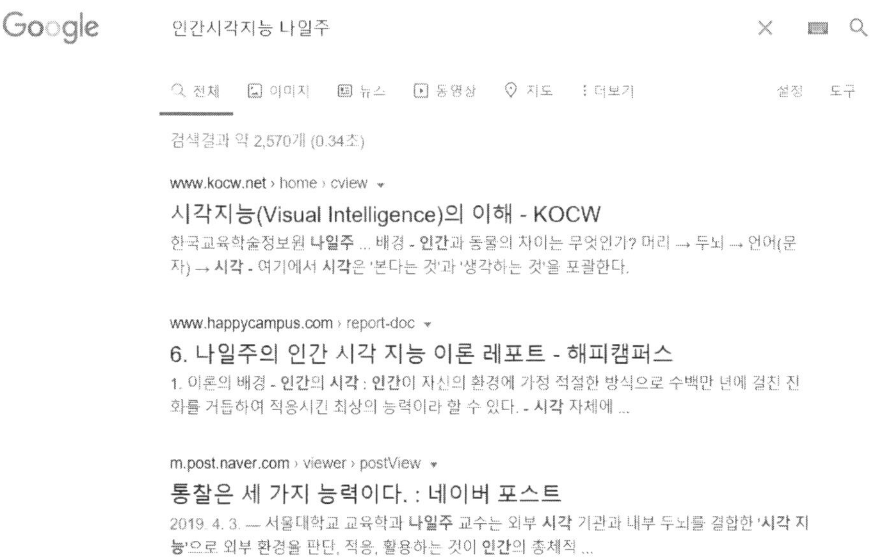

❷ 이미지 검색과 저장하기

필요한 이미지가 일상에서 발견할 수 있다면 스마트폰으로 사진을 찍으면 된다. 인터넷 검색에서 원하는 이미지는 선택해서 저장한다. 활용시는 저작권에 유의하고, 출처를 밝힌다.

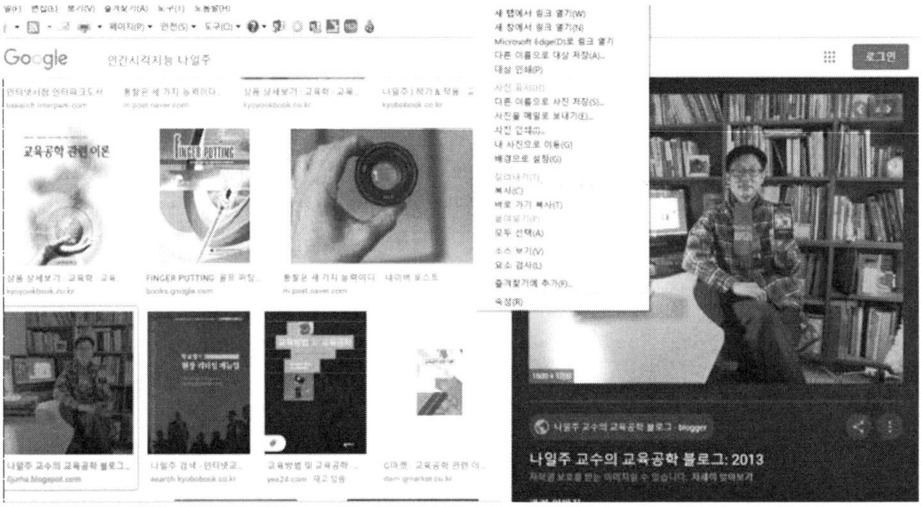

이미지 출처: 구글 검색 "인간시각지능 나일주" 검색 화면

❸ 영상 검색과 저장하기

시각지능과 관련이 있을 영상을 인터넷에서 찾는다. 영상의 주소를 기억해 놓으면 수업 중에 활용할 수 있다. 하지만 인터넷은 계속 변할 수 있어 영상을 저장해 놓는 것도 교육자료를 관리하는데 좋은 방안이 될 수 있다.

영상 검색은 구글, 네이버, 유튜브, 카카오TV, 네이버TV 등의 서비스에서 검색어만으로도 다양한 영상들을 살펴볼 수 있다.

특히 카카오 TV와 네이버 TV에서는 다양한 영상 뿐만 아니라 실시간으로 이뤄지는 라이브, 채널 등의 자료들까지 활용할 수 있다.

카카오 TV는 2020년 10월 기준으로 다음(Daum)의 TV팟 서비스와 통합되어 운영되고 있다. 다양한 동영상 컨텐츠와 함께 라이브 영상 및 다양한 채널을 검색해서 살펴볼 수 있다. 필요하다면 채널을 생성하거나 라이브 방송도 할 수 있을 것이다.

이미지 출처: 카카오TV 영상검색시 화면

네이버 TV도 역시 다양한 동영상 컨텐츠, 채널, 라이브 등의 서비스를 운영해 오고 있다.

이미지 출처: 네이버TV 영상검색 시 화면

유튜브 영상이라면 다음과 같이 저장해서 수업시간에 활용할 수 있다.

먼저, 적절한 영상을 검색한다. 여기서는 visual intelligence 검색 결과로 나온 유튜브 영상을 저장하고자 한다.

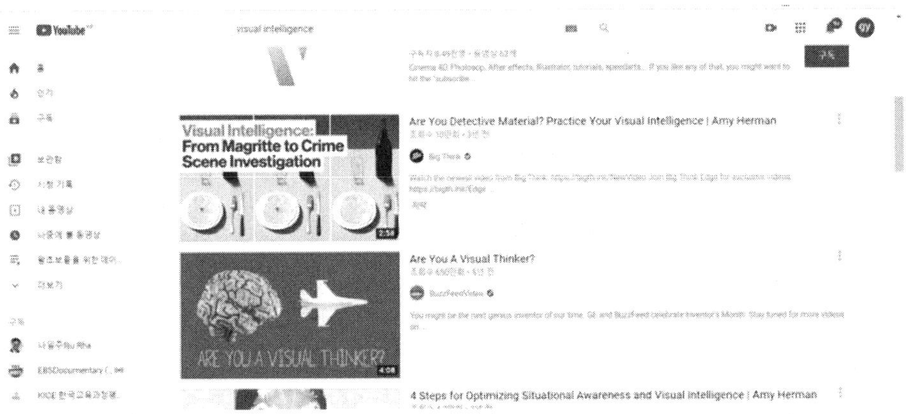

다음으로 선택한 영상의 내용을 확인한다.

유튜브 영상을 다운받기 위해서는 관련 서비스를 제공하는 사이트를 활용하면 된다. 동영상 주소 부분에 'ss'글자를 입력하면 mp4 화일로 다운받을 수 있다.

saveform.net에서 다운로드를 클릭하면, 자신의 PC로 저장된 것을 확인할 수 있다.

❹ 파워포인트로 편집하기

준비 되어진 이미지, 음성, 영상 등을 바탕으로 교육자료를 적절히 구성한다. 파워포인트의 다양한 기능을 활용하여 효과적으로 전달할 수 있게 편집한다. 다양한 멀티미디어 자료들을 여러분 나름대로 개성있게 제시해 보자.

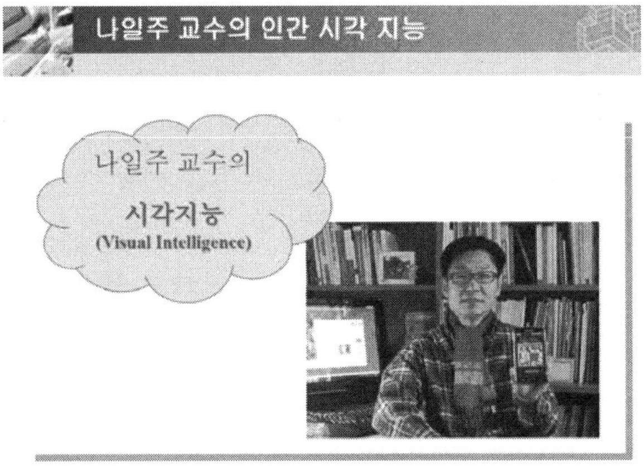

❺ 완성하기

편집 완료된 자료를 [PPT문서]로 저장해서 완성한다.

<table>
<tr><td>
</td><td>이미지 배치를
통한
교육자료 구성</td></tr>
<tr><td>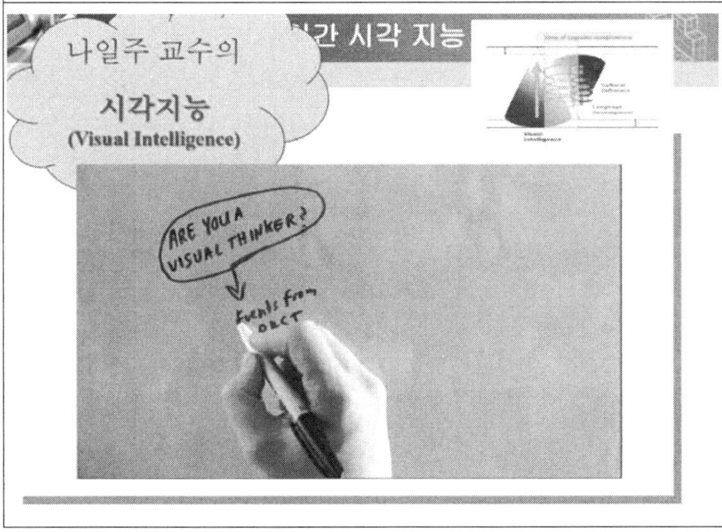
</td><td>이미지와
영상 배치를
통한
교육자료 구성</td></tr>
</table>

2 이미지 자료 제작과 편집

스마트폰이나 스마트 기기를 이용하면 쉽게 사진, 동영상 등을 찍을 수 있다. 또 많은 어플을 통해 쉽게 편집하는 기능을 제공하고 있다. 이미지 자료들의 편집은 주로 포토샵을 많이 사용해 왔지만 여기서는 파워포인트의 기능을 활용해서 이미지 자료 제작과 편집을 해 보고자 한다. 중요한 고난도 이미지 편집은 레이어 기능, 배경 삭제, 이미지 효과주기 기능을 예를 들 수 있다. 이를 파워포인트 기능을 활용해서 미션을 수행하며 멀티미디어 교육 자료 제작 역량을 향상시켜보자.

○ 미션: **인물이나 캐릭터** 등을 사진 찍기나 캡쳐하여 배경을 삭제하고 특정 부분만 나타날 수 있게 슬라이드를 제작하시오.

○ 조건: 배경 삭제 전과 삭제 후 비교,
필요하면 여러 개의 레이어를 넣으시오.
양식으로 올려진 ppt화일을 활용하여 슬라이드 1장으로 구성하시오.

○ 결과물 예시

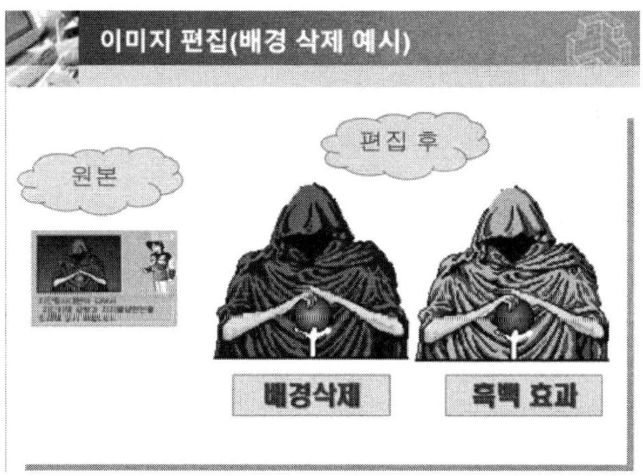

[실행순서]

❶ 사진이나 이미지 준비

원하는 사진이나 이미지를 준비한다. 저자는 '지진탐사대'라는 게임형 교육용 멀티미디어 프로그램의 한 장면을 가지고 왔다. 이 중 마법사만 두고 나머지 배경은 삭제를 하려고 한다.

❷ '서식' 선택하기

이미지나 사진을 선택한 후 메뉴에서 "서식"을 선택한다.

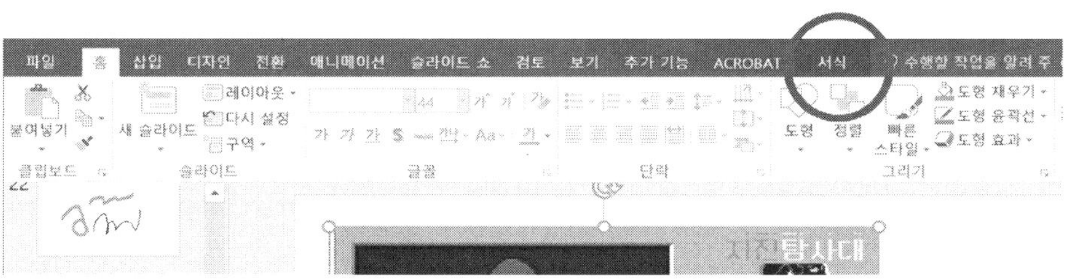

❸ 배경제거 선택

이어서 나오는 변화된 메뉴에서 "배경제거"를 선택한다.

❹ 영역선택

배경제거 도구를 충분히 연습해 보자. 보라색은 모두 제거할 영역이다. 아래 그림에서 +와 - 를 적절히 사용하여 남길 부분과 삭제할 배경을 선택하면 된다.

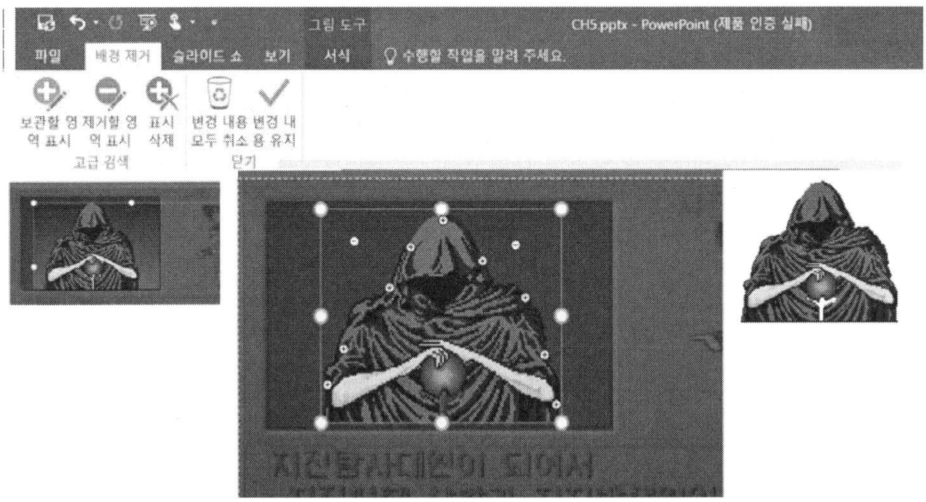

❺ 기타 효과 주기

석식의 기타 여러가지 이미지 효과들을 클릭해 보고 본인이 마음에 드는 기능을 연습해 보자. 여기서는 “색”을 선택해서 흑백 효과를 적용해 보았다.

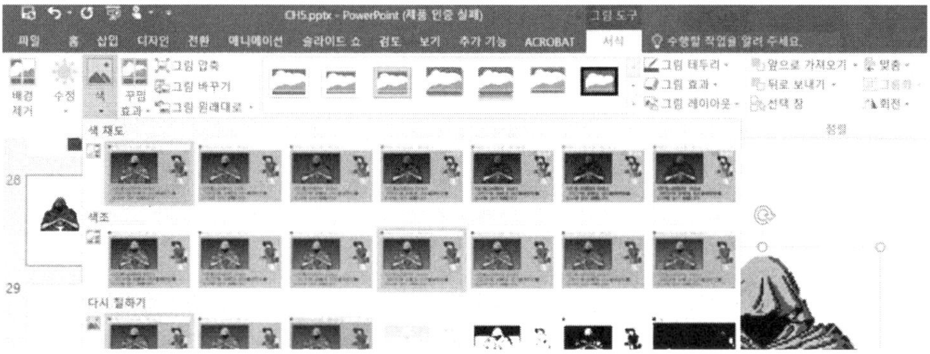

❻ 완성하기

편집 완료된 자료를 [PPT문서]로 저장해서 완성한다.

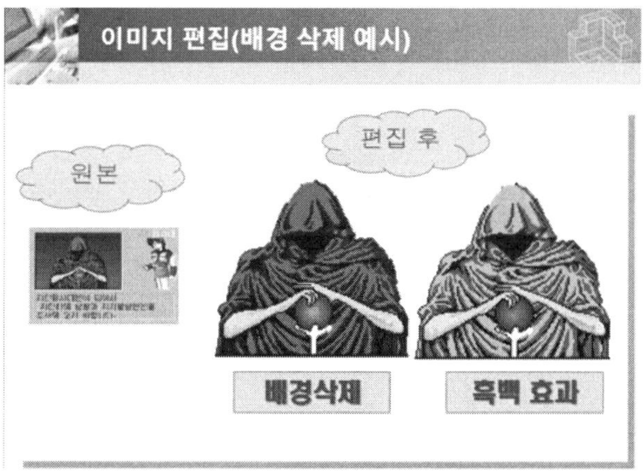

3 소리 자료 제작과 편집

스마트폰이나 스마트 기기를 이용하면 쉽게 녹음을 할 수 있다. 또 많은 어플을 통해 쉽게 편집하는 기능을 제공하고 있다. 음성은 처음 자료 수집에서 잡음을 최소화하고 원하는 소리만 저장하는 것이 중요하다. 골드웨이브 등과 같이 전문적으로 음성을 편집하는 프로그램이 있지만, 윈도우 10에서는 녹음기를 기본적으로 제공한다. 곰 녹음기는 조금 더 편리하게 편집할 수 있는 기능을 제공해 준다. 미션을 수행하며 멀티미디어 교육 자료 제작 역량을 향상시켜보자.

○ 미션: 2절에서 만든 PPT를 소개하는 음성을 자신의 육성으로 녹음해서 슬라이드에 추가하시오.

○ 조건: 음성 화일을 녹음 후 필요 없는 부분을 잘라내어 편집하시오.
파워포인트에서 음성을 클릭하면 나오게 만드시오.
양식으로 올려진 ppt화일을 활용하여 슬라이드 1장으로 구성하시오.

○ 결과물 예시

[실행순서]

❶ 곰 녹음기 설치

네이버 무료 소프트웨어 다운로드 사이트나 곰랩(GOMLab) 홈페이지에 가면 곰 녹음기를 다운받을 수 있다.

출처: gomlab.com(곰랩 GOMLab 홈페이지)

❷ 곰 녹음기를 실행하고 녹음하기

녹음 버튼(Ctrl+Enter)을 누르고 녹음하면 mp3화일로 녹음할 수 있다.

상단의 톱니모양을 선택하면 환경설정이 나타난다. 여기서 저장 형식, 저장 폴더, 녹음대상, PC 사운드 설정, 마이크 설정, 볼륨조절 등의 필요한 부분을 설정할 수 있다.

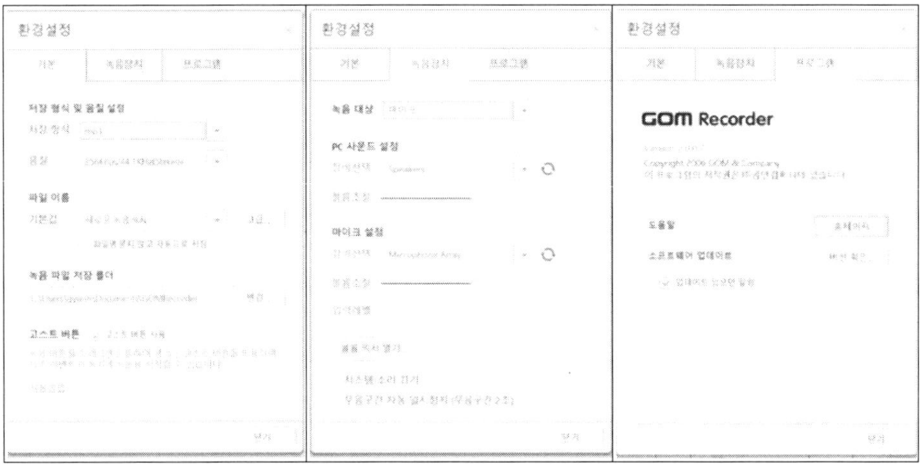

❸ 편집하기

[〉] 버턴을 누르면 아래와 같이 화면이 확장된다.

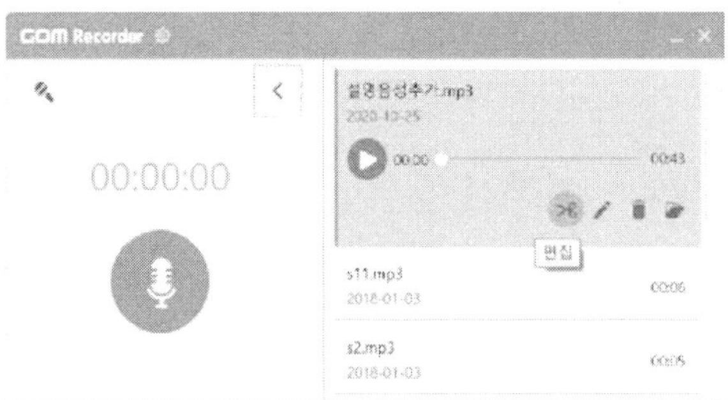

연필 아이콘은 화일명을 변경할 수 있다. 휴지통 아이콘은 삭제, 폴더 아이콘은 해당 위치의 폴더를 여는 역할을 한다. 가위 아이콘을 누르면 아래 그림과 같이 나타난다.

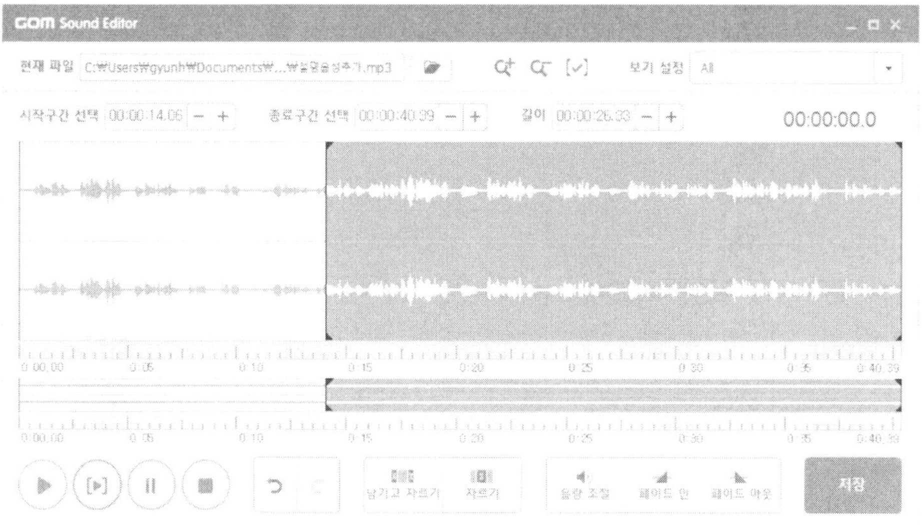

인터페이스는 직관적으로 나타나서 필요한 부분을 '남기고 자르기', '자르기', 음량조절 등을 선택할 수 있다. 페이드 인과 페이드 아웃은 처음 부분에 음이 점점 커지거나 작아지는 효과를 나타낸다. 작업 후 저장하면 된다.

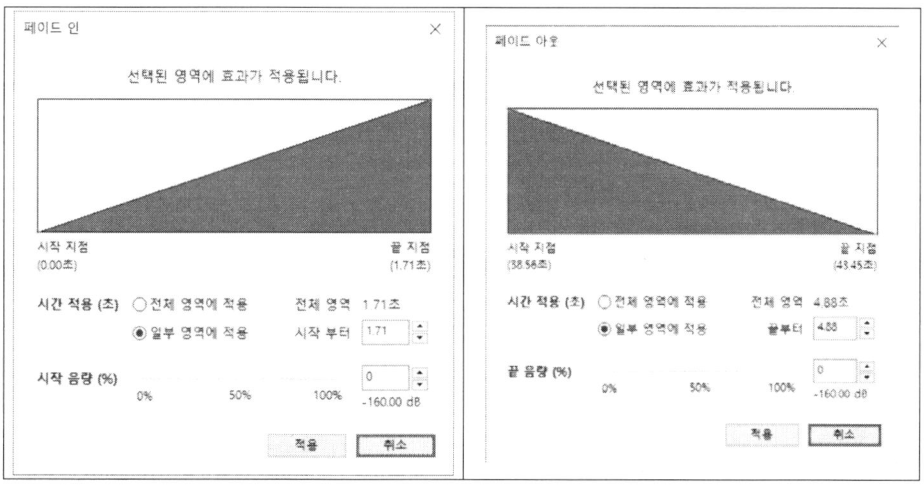

❹ 파워포인트 슬라이드에 음성 삽입

배경제거 도구를 충분히 연습해 보자. 분홍색은 모두 제거할 영역이다. 아래 그림에서 +와 - 를 적절히 사용하여 남길 부분과 삭제할 배경을 선택하면 된다.

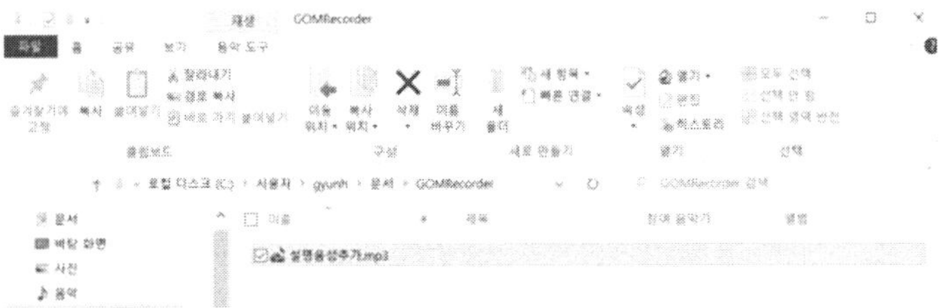

❺ 기타 윈도우 10에서 제공하는 "음성녹음기"

윈도우 10에서는 "음성 녹음기"를 기본적으로 제공해 주고 있어서, 간단히 녹음과 편집이 가능하다. 곰 녹음기와 기능은 유사함으로 곰 녹음기가 설치되지 않았을 때는 "음성 녹음기"를 이용할 수 있다.

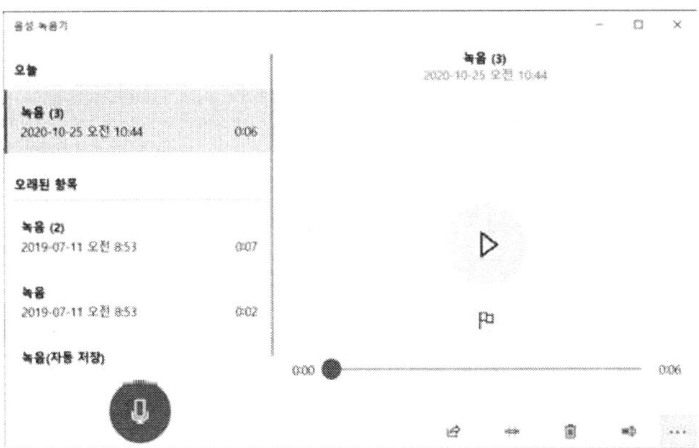

❻ 완성하기

편집 완료된 자료를 [PPT문서]로 저장해서 완성한다.

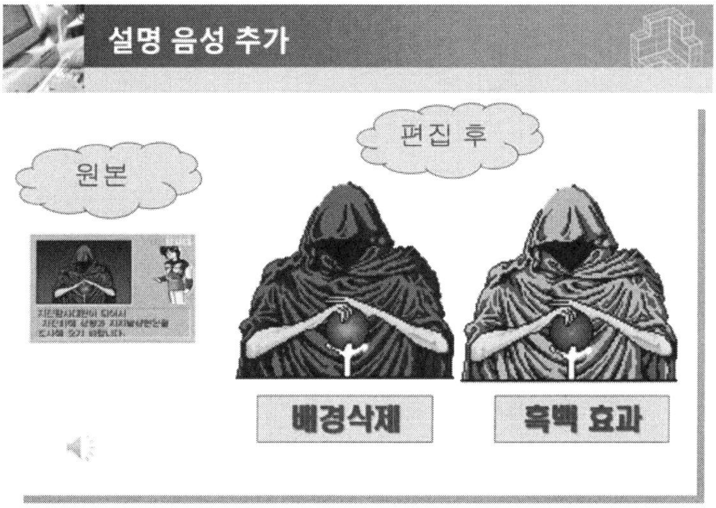

4장 요약

이미지, 소리, 영상자료 수집

이미지 자료 제작 및 편집

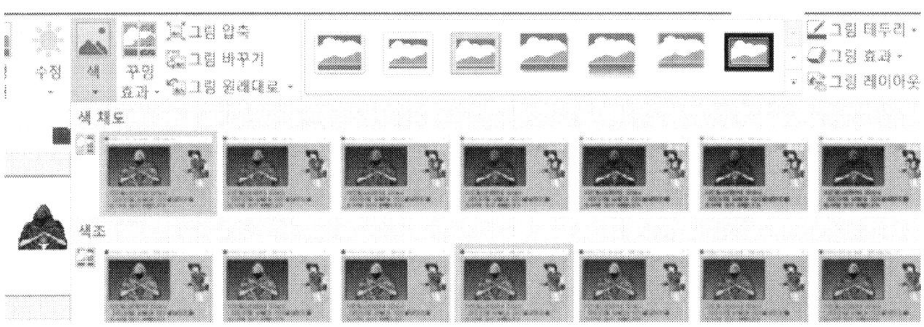

소리 자료 제작 및 편집

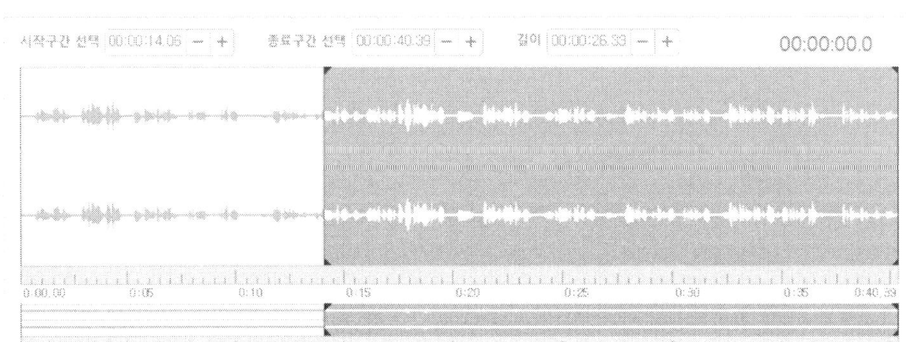

4장 연습문제

1. 인물 사진을 찍은 후 배경을 제거하고, 소개 음성을 넣은 슬라이드를 만드시오.

메 모

Chapter 5

멀티미디어 영상 편집 실습 Ⅰ

1. 영상 자르기
2. 영상 합치기
3. 영상 사이즈(화질이나 크기) 줄이기

●●● 제 5장

멀티미디어 영상 편집 실습 I

멀티미디어 자료 중 영상은 쉽게 촬영하고 편집할 수 있다. 교육 자료로 활용하기 위해 스마트폰이나 스마트기기를 활용하여 저장한 동영상을 편집하는 기초적인 부분에 대해 실습하고자 한다. 많은 도구들이 있어 자신에게 쉽고 익숙한 도구를 활용하면 된다.

여기서는 사람들이 많이 활용하는 도구를 소개하고 있으니 예로 드는 앱 도구를 사용해서 문제를 해결해 보고 기능도 익혀 보자.

1 영상 자르기

영상을 편집하다 보면 필요 없는 영상 부분을 잘라야 할 필요가 있다. 영상 화일을 자르는 것을 연습해 보자.

○ 미션: 영상을 찍고 필요 없는 부분을 잘라보자.

○ 조건: PC에서 반디컷을 설치해서 기능을 익히자.
자신이 많이 사용하는 앱이 있다면 영상으로 찍어 올려 공유해 보자.
샘플 영상을 보고 도입되는 부분까지만 남기고 뒷부분은 잘라서 저장해 보자.
* 샘플 대신 자신이 촬영한 1분 가량의 영상을 필요 부분만 잘라 저장해도 된다.

○ 결과물 예시

[실행순서]

❶ 반디컷 설치

네이버에서 “반디컷”을 검색하면 소프트웨어 정보와 함께 다운 받을 수 있는 사이트를 안내한다. 편리한 곳에서 프로그램을 다운로드 하고 설치한다.

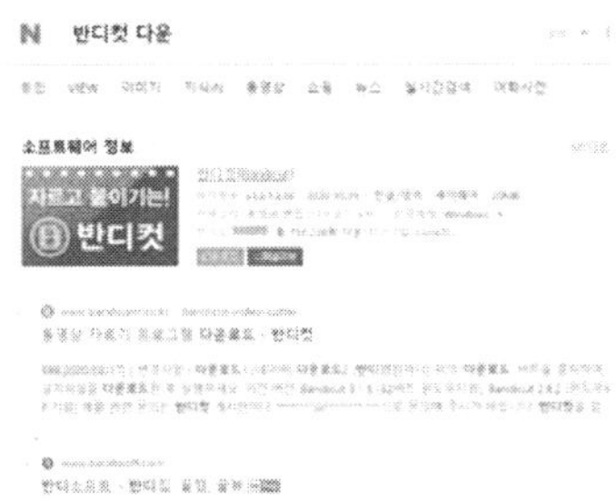

❷ 반디컷을 실행하기

반디컷을 실행하고 자르기를 클릭해 보자.

❸ 편집하기(자르기)

원하는 화일을 불러온다. 이중 자르고자 하는 구간을 선택한다.

자르고자 하는 구간이 여러 개일 경우 구간 추가를 통해 원하는 부분을 선택한다.

선택이 완료되었다면 시작 버튼을 누른다.

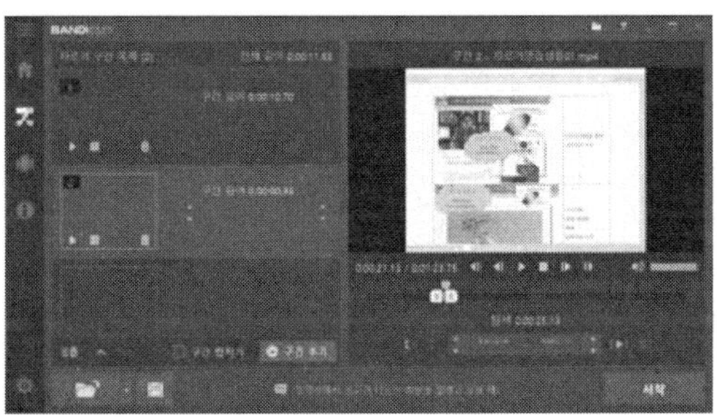

❹ 상세설정 하기

필요하다면 화일 형식을 바꾸거나 사이즈, 품질 등을 조정할 수 있다.

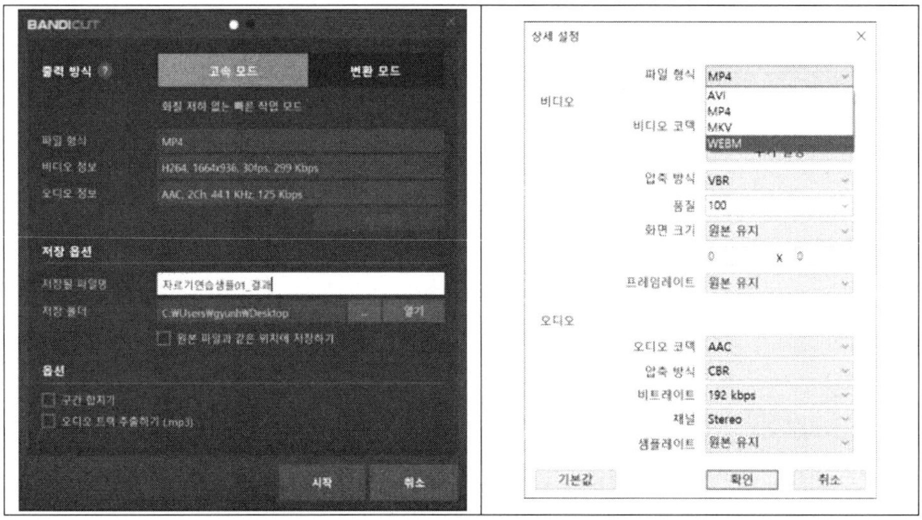

❺ 완성하기

저장 폴더에 가면 원본과 두 개의 구간이 영상으로 완성된 것을 확인할 수 있다.

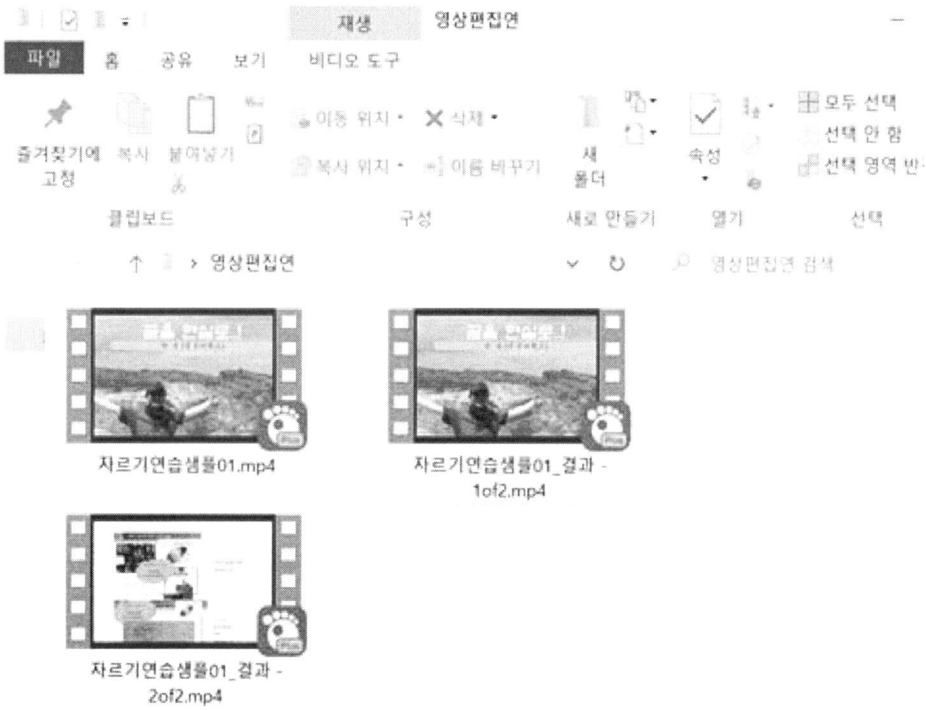

2 영상 합치기

여러 개의 자른 영상들을 하나로 합칠 필요도 있다. 영상 화일을 합치는 것을 연습해 보자.

○ 미션: 여러 영상을 합쳐 보자.

○ 조건: PC에서 반디컷을 설치해서 기능을 익히자.
자른 여러 개의 샘플 영상을 붙여보자.
* 샘플 대신 자신이 촬영한 여러 영상을 붙여서 저장해도 된다.

○ 결과물 예시

[실행순서]

❶ 반디컷을 실행하기

반디컷을 실행하고 합치기를 클릭해 보자.

❷ 편집하기(합치기)

합치기 파일 목록에 원하는 화일들을 불러 온다.

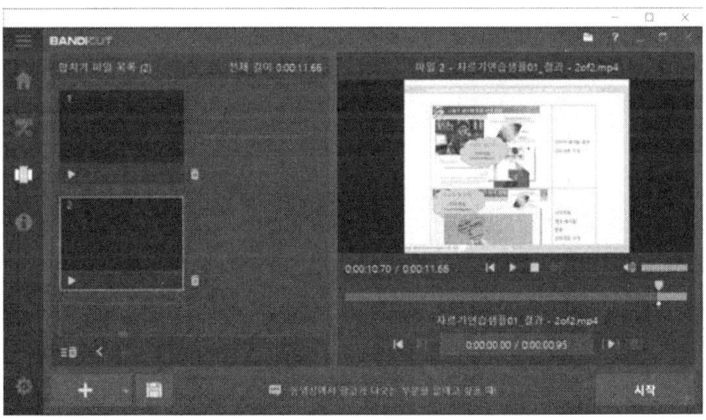

❸ 상세 설정 하기

필요하다면 화일 형식을 바꾸거나 사이즈, 품질 등을 조정할 수 있다.

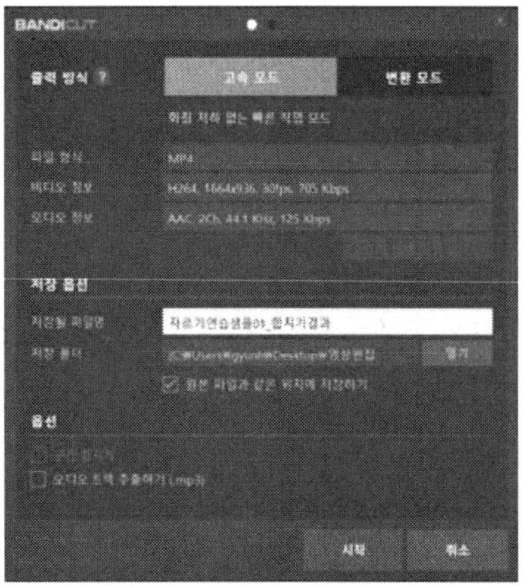

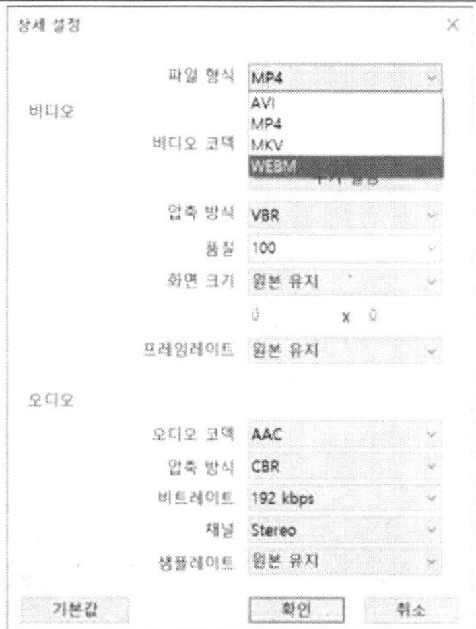

❹ 완성하기

저장 폴더에 가면 원본과 두 개의 구간이 영상으로 완성된 것을 확인할 수 있다.

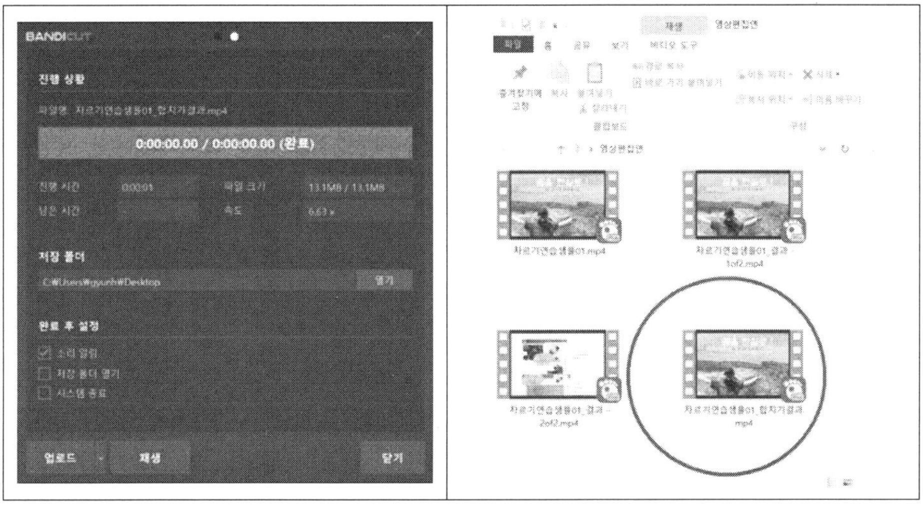

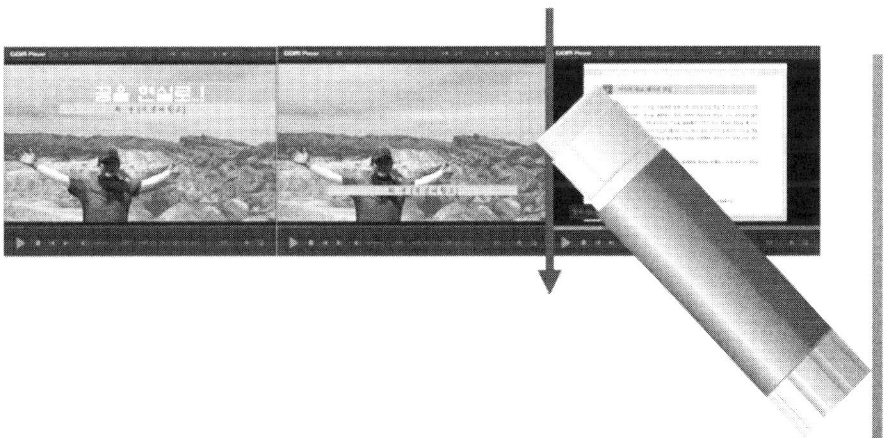

3 영상 사이즈(화질이나 크기) 줄이기

멀티미디어 고화질 영상자료는 선명한 반면 사이즈가 커서 인터넷으로 다운 받거나 프로그램 안에 넣기에 불편할 때가 있다. 스마트폰에서의 영상을 생각해 보면, 스마트폰 크기 보다 지나치게 클 필요가 없다. 대형 TV 정도에서도 깨끗한 화질이 나오는 고화질의 영상은 적절한 사이즈와 화질을 가질 수 있게 조정해 주면 자료 공유나 제한된 공간에 저장하기가 용이하다. 코로나 19로 인해 영상을 다수의 학생이 공유해야 할 경우 고화질 고용량의 영상은 원활하지 못한 온라인 수업 진행으로 이어지기도 한다. 이에 여기서는 고용량 및 고화질의 영상을 적절한 크기로 변경하는 연습을 해 보자.

○ 미션: 합치기를 한 영상의 화질이나 크기를 조정하여 원래 사이즈의 반으로 만드시오.

○ 조건: PC에서 반디컷으로 해 보자.
합치기를 한 영상을 선택해서 그 화일 크기의 반으로 만들자.
* 샘플 대신 자신이 촬영한 영상의 사이즈를 줄여 보아도 좋겠다.

○ 결과물 예시

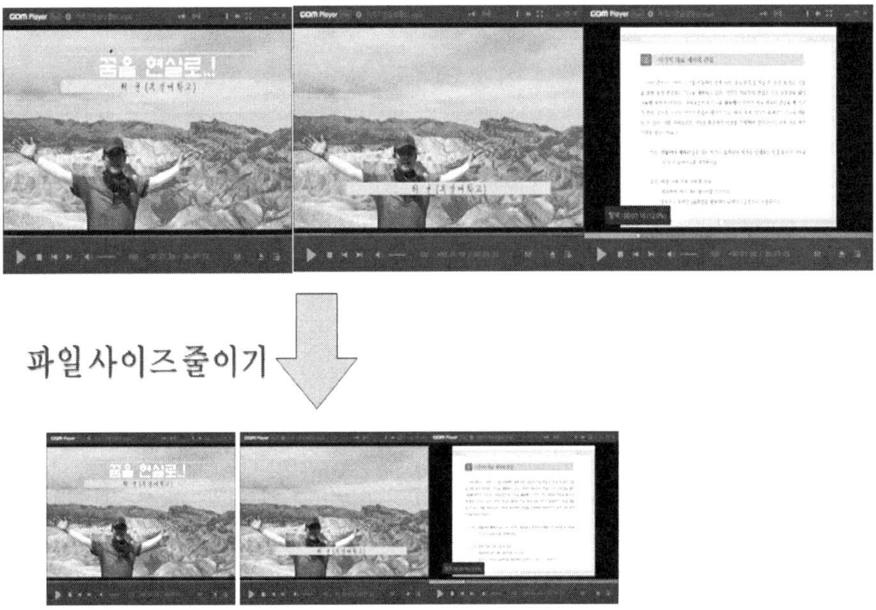

[실행순서]

❶ 반디컷을 실행하기

반디컷을 실행하고 합치기를 클릭해 보자.

❷ 편집하기(합치기)

합치기 파일 목록에 원하는 화일들을 불러 온다.

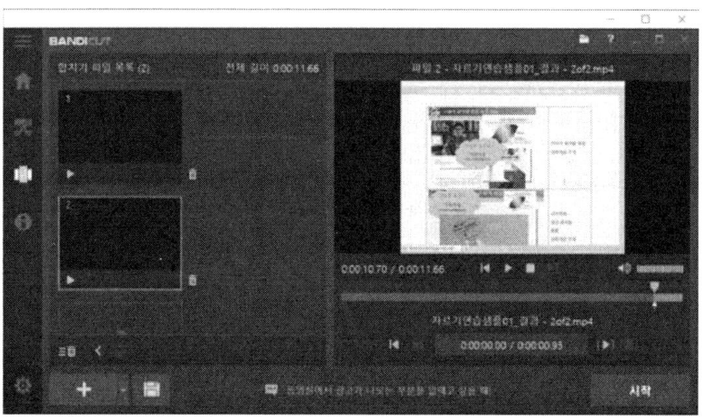

❸ 상세 설정 하기

상세설정에서 품질을 60%로 바꾼다.

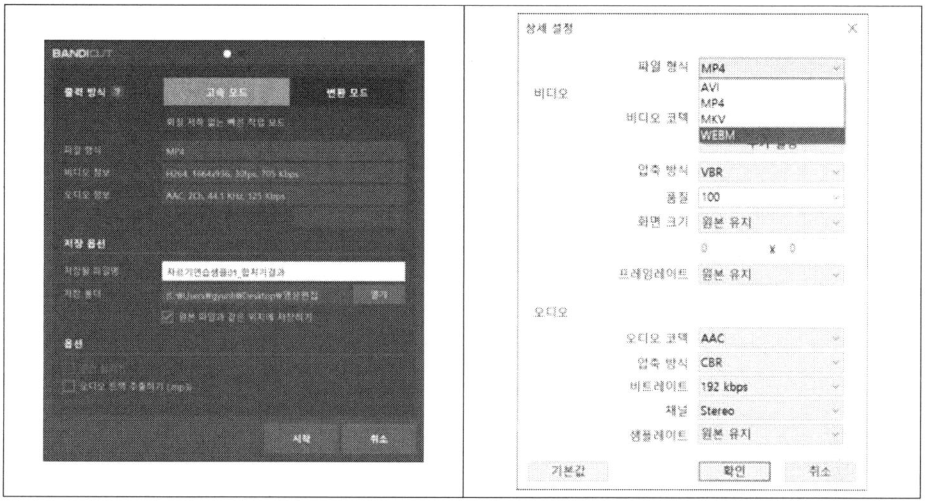

❹ 완성하기

저장 폴더에 가면 화일 사이즈가 줄어든 영상을 확인할 수 있다.

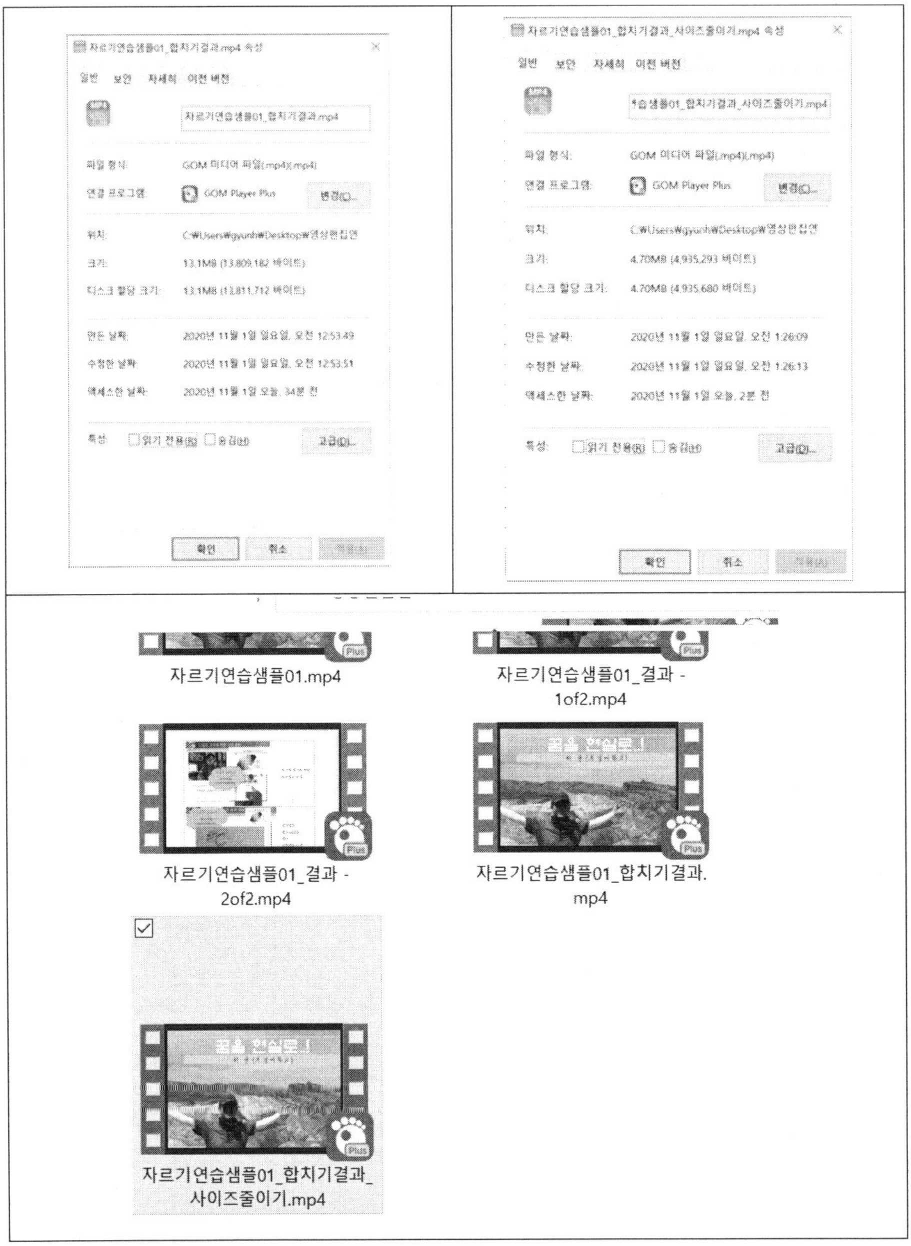

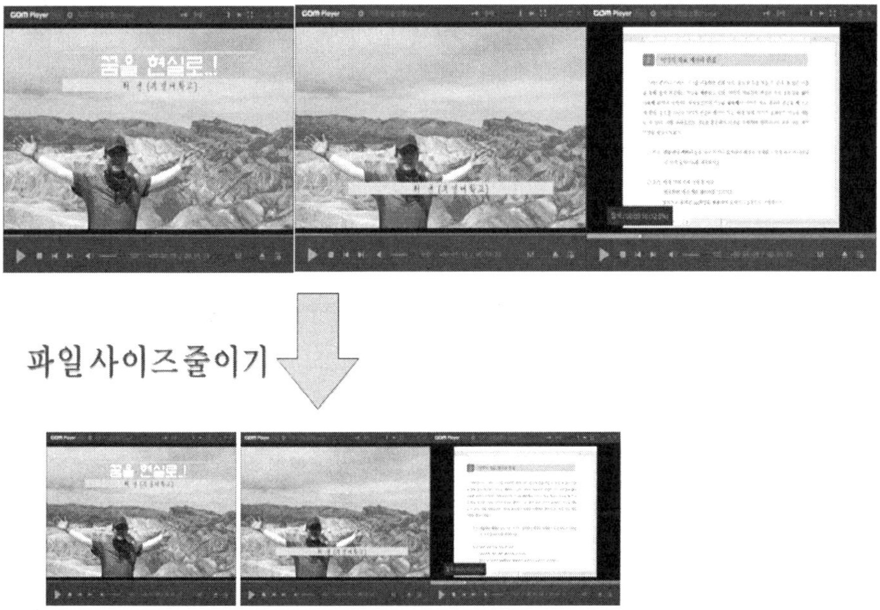
꿈을 현실로..!
파일사이즈줄이기

5장 요약

영상 자르기

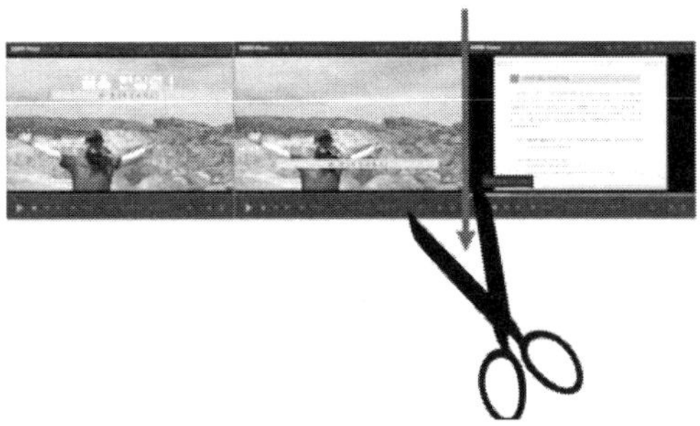

영상 합치기

영상 사이즈 줄이기

5장 연습문제

1. 인물 사진을 찍은 후 배경을 제거하고, 소개 음성을 넣은 슬라이드를 만드시오.

메 모

Chapter 6

멀티미디어 영상 편집 실습 Ⅱ

1. 타이틀(제목) 넣기
2. 자막 넣기
3. 다양한 효과 넣기

●●● 제6장

멀티미디어 영상 편집 실습 Ⅱ

멀티미디어 영상 편집 실습 II에서는 타이틀과 자막넣기 등 영상 편집시 필요한 추가적 기능에 대해 실습한다. 많은 도구들이 있어 자신에게 쉽고 익숙한 도구를 활용하면 된다. 여기서는 사람들이 많이 활용하는 도구 중 곰믹스(프로)를 활용해서 문제를 해결해 보고 기능도 익혀 보자.

1 타이틀(제목) 넣기

교육 영상자료를 편집하다 보면 처음 화면에서 타이틀(제목)을 넣어야 할 필요가 있다. 혹은 내용이 바뀌거나 할 때 제목을 적절히 넣어 준다면 교육적 효과를 높이는 데 도움이 될 것이다. 타이트(제목)을 넣는 것을 연습해 보자.

○ 미션: 영상을 찍고 앞쪽과 뒷쪽에 타이틀(제목)을 추가해 보자.

○ 조건: PC에서 곰믹스를 설치해서 기능을 익히자.
샘플영상을 활용하여 필요한 부분을 자른 후 타이틀을 작성한다.
* 샘플 영상 대신 자신이 촬영(1분 가량)한 영상에 타이틀을 작성해도 된다.

○ 결과물 예시

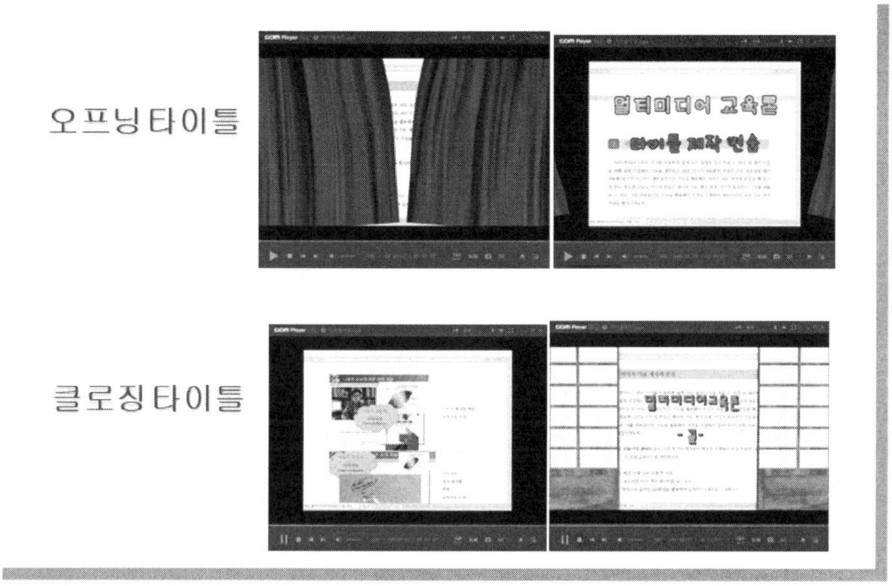

[실행순서]

❶ 곰믹스 설치

네이버에서 "곰믹스"를 검색하면 소프트웨어 정보와 함께 다운 받을 수 있는 사이트를 안내한다. 무료버전인 곰믹스와 기능을 강화한 세어웨어인 곰믹스 프로가 있다. 여기서는 곰믹스 프로를 설치해 보자. https://www.gomlab.com/coupon/promotion.gom?seq=15 이곳으로 가면 2020/12/31까지 곰믹스 프로를 무료로 사용 가능한 쿠폰이 있으니 충분히 활용해 보자.

❷ 곰믹스(프로) 실행하기

곰믹스를 실행해 보자. 아래와 같은 화면이 나타난다.

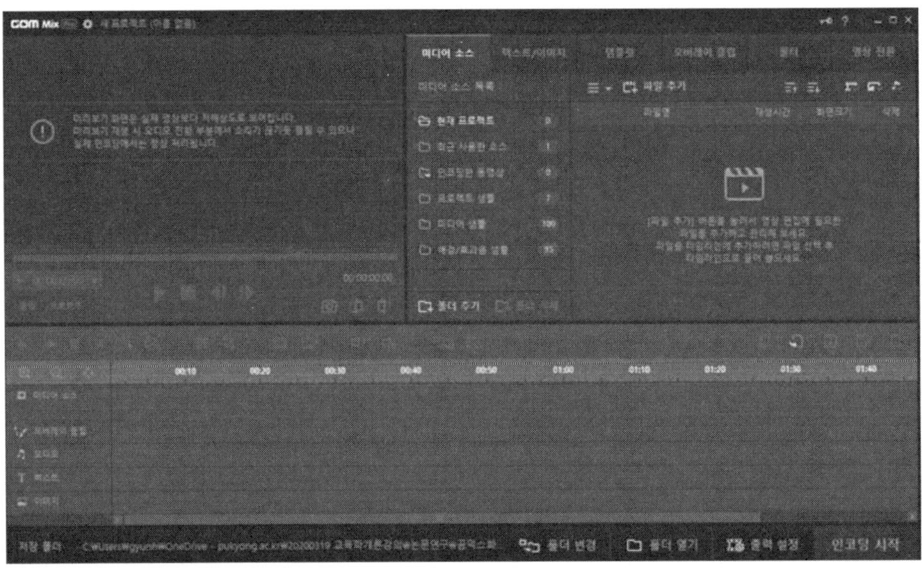

❸ 영상 불러오기

파일 추가를 누르거나 드래그&드랍으로 편집 영상을 불러온다.

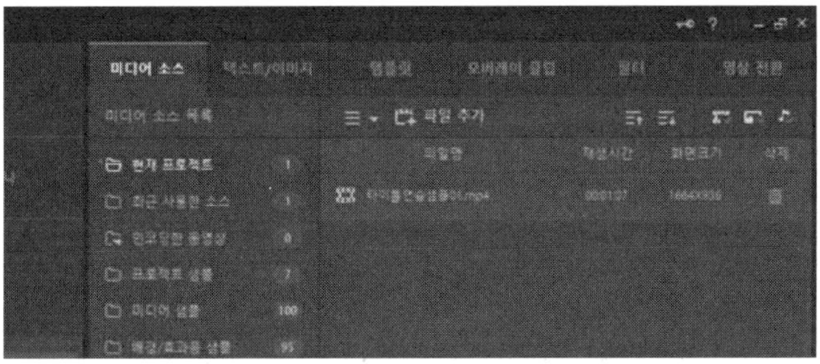

❹ 타이틀 설정 하기

미디어 소스 탭의 "타이틀연습샘01.mp4" 를 하단의 미디어 소스에 가져다 놓는다.

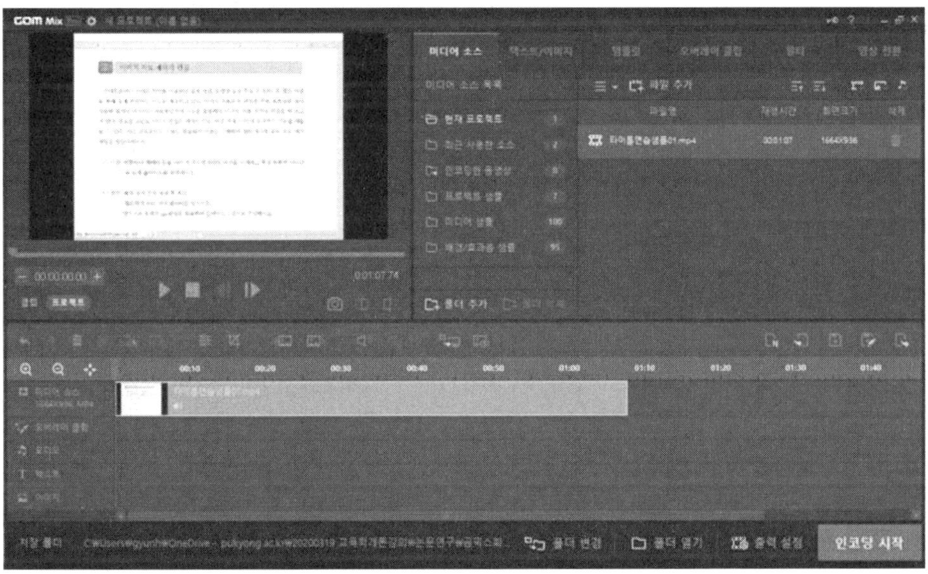

"템플릿 탭"을 클릭해서 화면 오프닝에서 나오는 부분을 설정해 보자.

템플릿 목록에서 원하는 배경 그림, 프레임, 타이틀 등을 설정할 수 있다. 여기서는 먼저 애니메이션을 선택하고 "커튼 열기"를 선택했다. "적용"버튼을 클릭하면 된다.

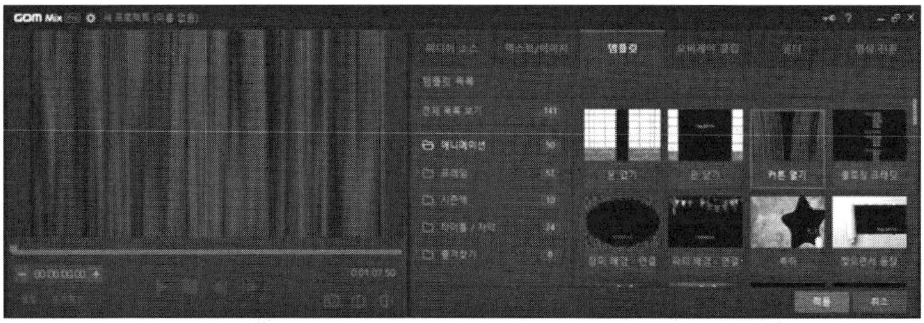

타이틀이 나오는 것이 우리가 목표로 하였으니 타이틀 제목을 넣어보자. 넣는 방법은 하단의 텍스트에 T6라고 되어 있는 곳을 클릭하면 텍스트 편집 창이 나온다. 여기에 원하는 제목을 넣어보자.

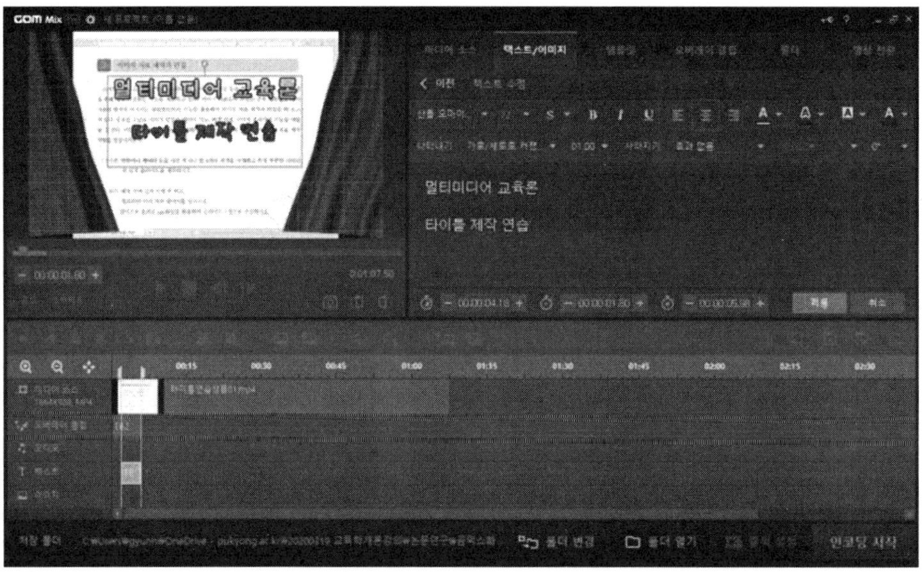

끝에 타이틀을 넣기 위해서 템플릿의 "문닫기"를 선택해서 텍스트를 넣어보자.

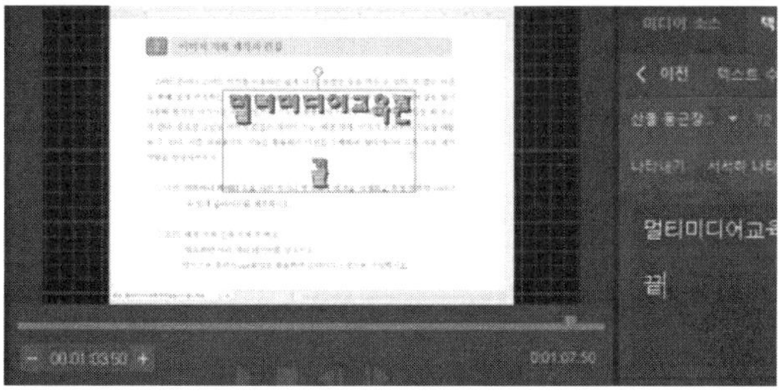

❺ 완성하기

저장 폴더에 가면 원본과 두 개의 구간이 영상으로 완성된 것을 확인할 수 있다.

2 자막 넣기

어떻게 자막을 넣는가도 학습 효과에 많은 영향을 미칠 것으로 생각된다. 교육 영상자료를 편집하다 보면 중간 중간에 자막이나 메시지를 넣어야 할 필요가 있다. 자막은 학습자들에게 요약적 정보제공의 역할을 할 것으로 적절히 넣어 준다면 교육적 효과를 높이는 데 도움이 될 것이다. 자막 넣기를 연습해 보자.

○ 미션: 영상을 찍고 중간 중간에 자막을 추가해 보자.

○ 조건: PC에서 곰믹스를 설치해서 기능을 익히자.
샘플영상을 활용하여 필요한 부분에 자막을 추가한다.
* 샘플 영상 대신 자신이 촬영(1분 가량)한 영상에 자막을 추가해도 된다.

○ 결과물 예시

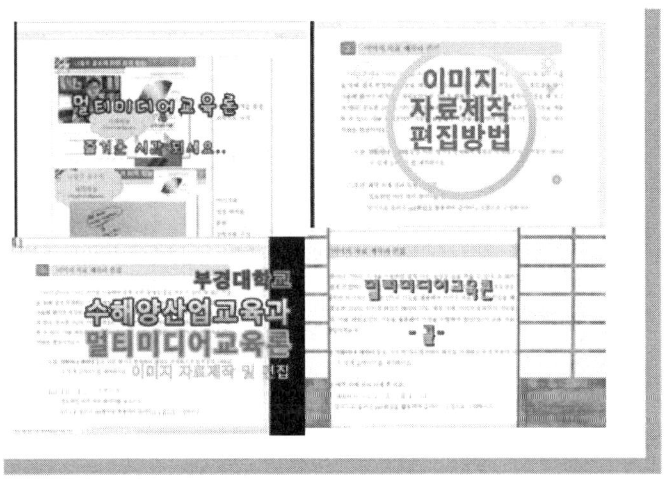

[실행순서]

❶ 곰믹스(프로) 실행하기

앞 절에서 만들었던 타이틀(제목) 예제 위에 자막을 추가로 입혀 보자.

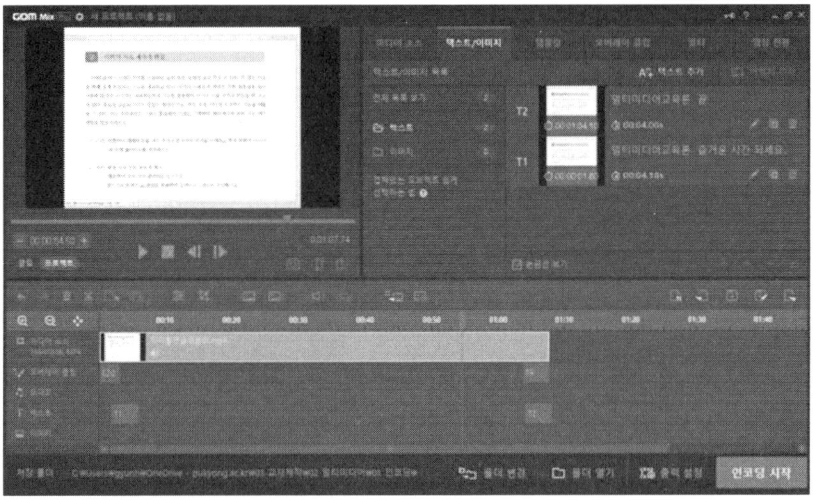

❷ 자막 템플릿 추가하기

템플릿 탭을 눌러보자. “타이틀/자막”에 슬라이드로 원하는 형태의 자막을 선택해서 요약이나 자막이 필요한 곳에 넣어보자.

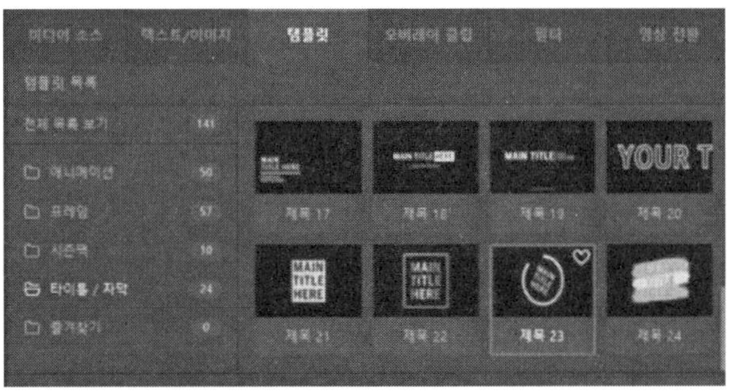

타이틀과 마찬가지로 원하는 곳에 텍스트를 입력하면 템플릿에 맞는 형태로 나타나서 오버랩되어 나타난다. 색상이나 크기, 디자인, 노출시간 등을 수정할 수 있으니 여러 가지 형태로 나타내어 보자.

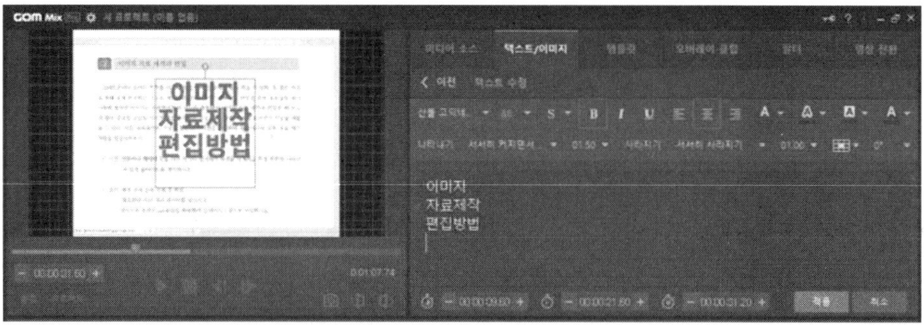

같은 방식으로 여러 가지 형태의 자막을 넣어보자.

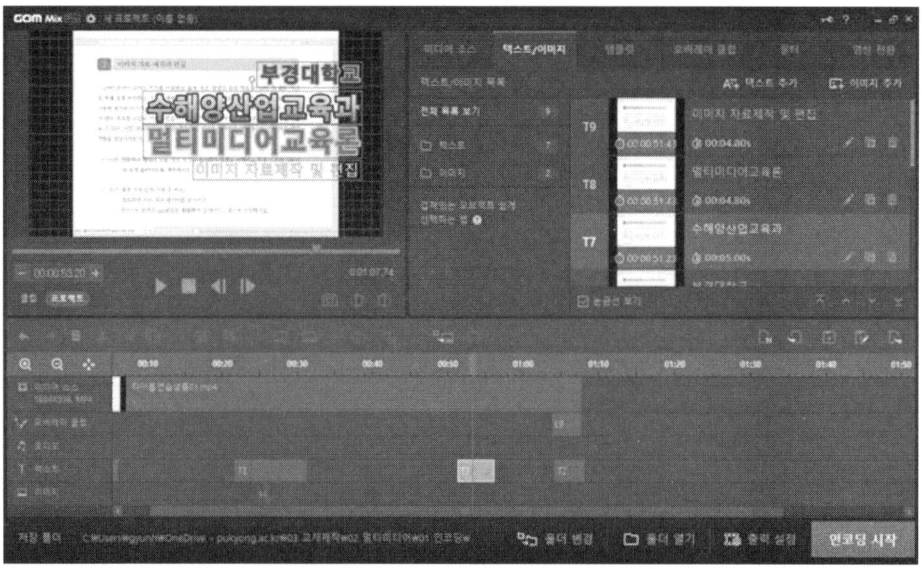

❸ 프로젝트 저장하기

내가 작업한 내용들을 프로젝트 화일 형태로 저장할 수 있다. 이번 영상 뿐만 아니라 계속해서 영상 작업을 해야한다면 자신만의 스타일을 저장하여 재사용하는 것이 효율적이다. 좌측 상단의 GOM Mix 를 클릭하면 팝업 메뉴가 나오며, 다른 이름으로 저장하면 된다.

❹ 완성하기

다양한 형태의 자막을 추가하여 영상(mp4) 으로 출력하여 완성한다.

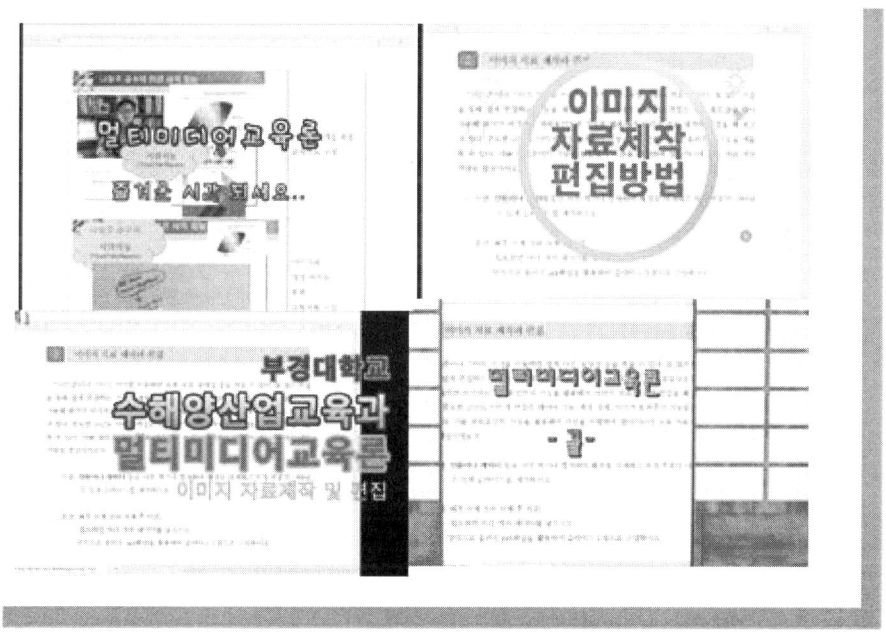

3 다양한 효과 넣기

자르기/붙이기, 화면 전환하기, 이동 확대, 애니메이션 효과넣기, 배경음악넣기 등의 다양한 효과를 넣어서 교육영상에 활기를 넣어보자.

○ 미션: 특정부분을 자르고, 화면을 전화하여 다양한 효과를 넣어보자.

○ 조건: 곰믹스의 다양한 기능을 적용해 보자.
샘플영상을 활용하여 필요한 부분에 다양한 효과넣기를 추가한다.
* 샘플 영상 대신 자신이 촬영(1분 가량)한 영상에 다양한 효과를 추가해도 된다.

○ 결과물 예시

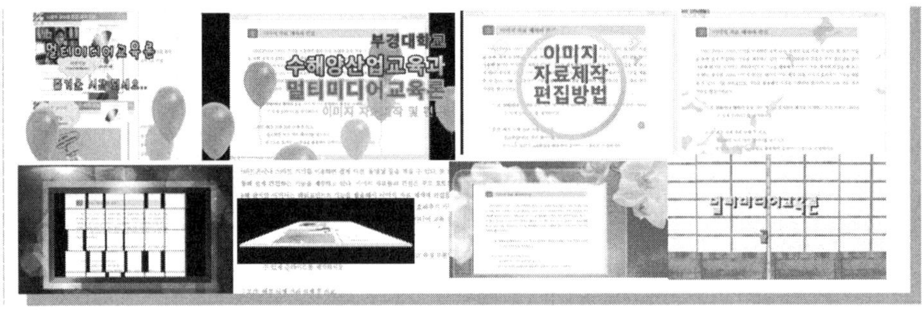

[실행순서]

❶ 곰믹스(프로) 실행하기

앞 절에서 만들었던 타이틀(제목), 자막을 넣었던 샘플 위에 추가로 다양한 효과를 넣어보자.

❷ 영상 자르기

영상을 자르기 위해서는 미디어 소스(영상)을 선택하고 해당 부분에서 "가위 아이콘"을 누르면 된다.

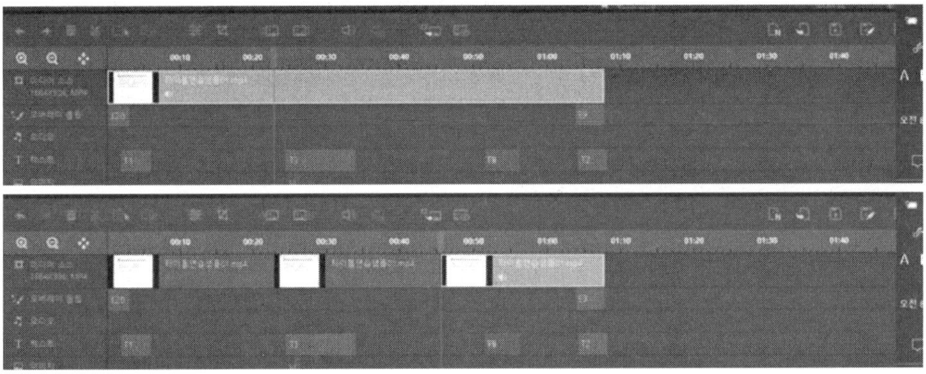

❸ 다양한 효과 넣기

영상을 자른 부분이나 강조하고 싶은 화면에서 "오버레이 클립" 탭의 다양한 목록 중 여러 기능을 적용해 보자. 이동 및 확대/축소, 애니메이션, 프레임, 오프닝/클로징, 빛방울/빛샘 등의 다양한 기능을 넣을 수 있다.

먼저, 이동 및 확대 축소를 적용하여 잘라진 화면에서 화면이 이동 및 확대/축소되는 다양한 패턴들을 적용해 보자.

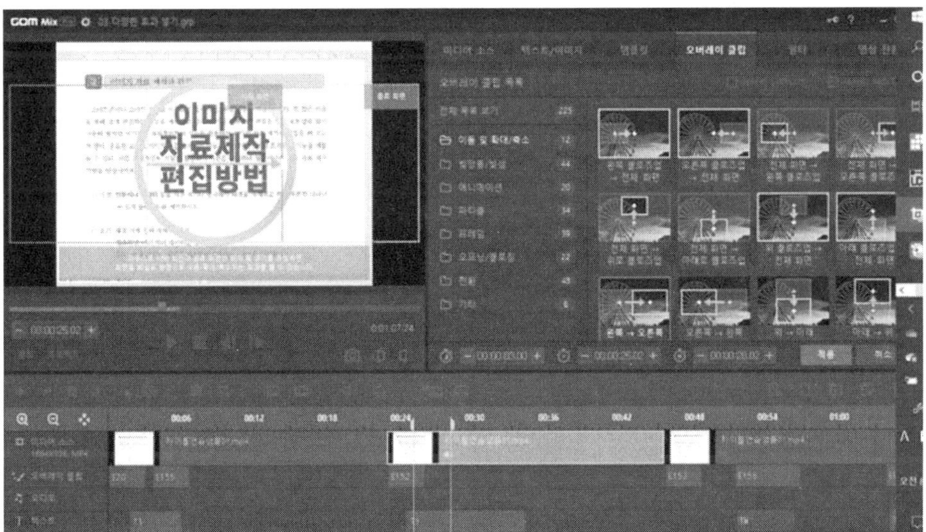

"영상전환"탭에는 영상전환을 위한 다양한 목록을 시각적으로 제공하니 여러 개를 적용해서 연습해 보자.

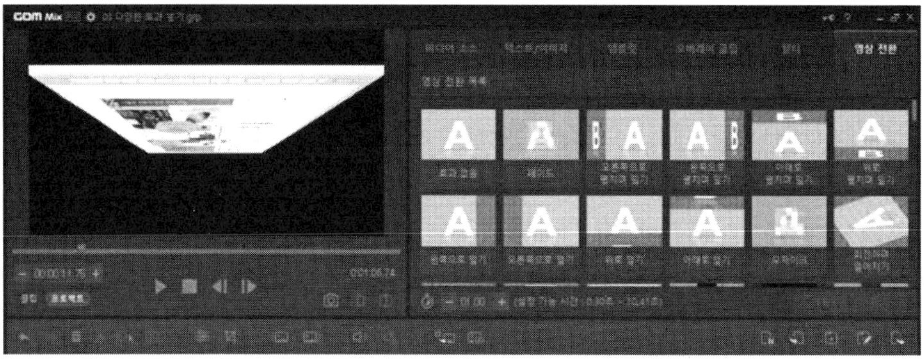

"필터" 기능을 사용하여 "색상전환"이나 "질감전환" 등을 적용할 수도 있다.

바뀌는 장면에 "오버레이 클립"의 애니메이션 기능도 넣어보자. 떠오르는 풍선, 가을 낙엽 등을 적용해 보았다.

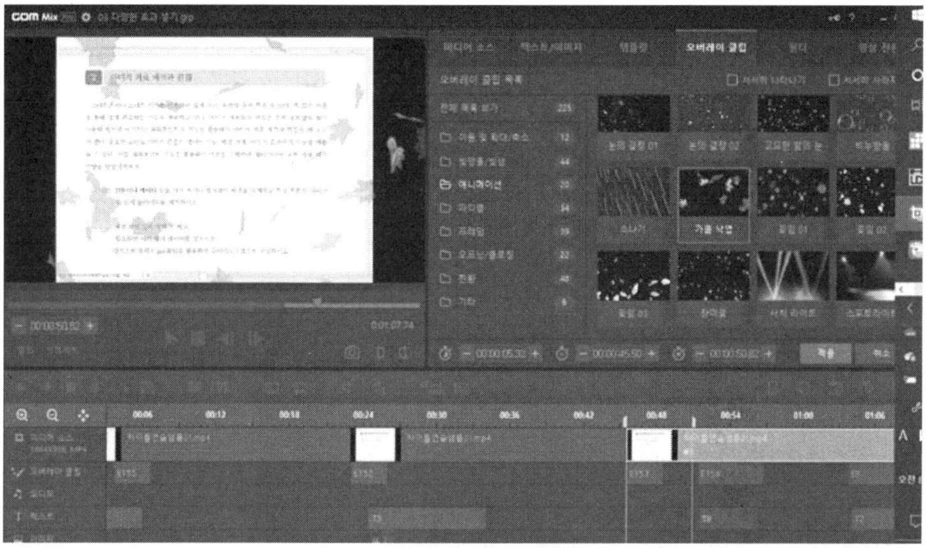

같은 방식으로 다양한 "프레임"도 적용해 보자.

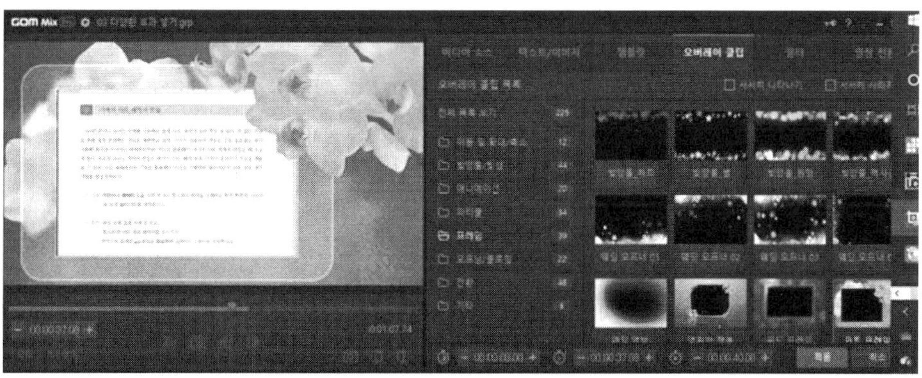

어느 정도 기능을 넣었다면, 배경음악을 추가해 보자. "미디어소스" 탭에는 "배경/효과음 샘플"이 있어 미리 듣기를 통해 확인한 후 활용할 수 있다.

처음에 "박수" 효과음을 넣어보자.

적절한 배경음악을 넣고 길이도 조정하여 적절히 배치할 수 있다.

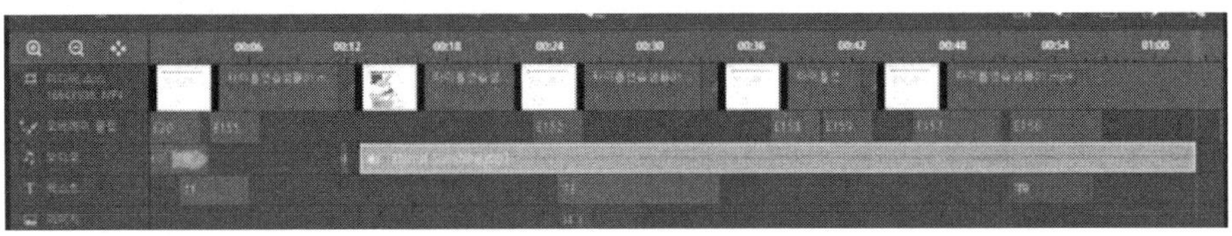

❹ 프로젝트 저장하기

내가 작업한 내용들을 프로젝트 화일 형태로 저장할 수 있다. 이번 영상 뿐만 아니라 계속해서 영상 작업을 해야한다면 자신만의 스타일을 저장하여 재사용하는 것이 효율적이다. 좌측 상단의 GOM Mix 를 클릭하면 팝업 메뉴가 나오며, 다른 이름으로 저장하면 된다.

❺ 완성하기

인코딩을 시작하여 완성된 영상(mp4) 으로 저장한다.

6장 요약

타이틀(제목) 넣기

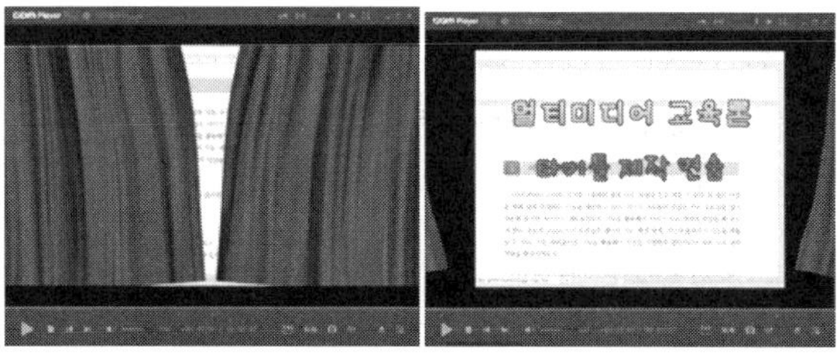

자막넣기

다양한 효과 넣기

6장 연습문제

1. 다양한 비디오 효과를 활용하여 자신을 소개하는 90초 영상을 제작하시오.

2. 다양한 비디오 효과를 활용하여 학과나 전공을 소개하는 180초 영상을 제작하시오.

메 모

Chapter 7

멀티미디어 평가 모듈 개발

1. 스토리라인 저작도구 설치 및 실행하기

2. 평가 모듈 개발 응용하기

●●● 제7장

멀티미디어 평가 모듈 개발

멀티미디어 코스웨어에서 평가 부분을 독립적으로 사용할 수 있는 평가모듈 개발하는 것을 실습해 보자. 평가 모듈을 개발하기 위한 많은 도구들이 있어 자신에게 쉽고 익숙한 도구를 활용하면 된다. 예를 들면, 프로그램 언어, 블럭코딩, 스토리라인, 파워포인트 등을 생각해 볼 수 있다. 여기서는 스토리라인을 활용해서 문제를 해결해 보고 기능도 익혀 보자.

1 스토리라인 저작도구 설치 및 실행하기

스토리라인(Stroyline 3 or Storyline 360)은 스마트 멀티미디어 컨텐츠를 제작하기 위한 저작 도구이다. 파워포인트와 유사한 인터페이스를 가지고 있어 여러분들이 직관적으로 파워포인트의 기본적 기능을 활용할 수 있다. 또 파워포인트를 스토리라인 화일로 가져올 수도 있다. 스토리라인은 멀티미디어 코스웨어 즉 교육용 컨텐츠를 개발하기 적합한 저작도구로 알려져 세계적으로 많은 기업에서 이러닝 컨텐츠 제작 도구로 활용하고 있다. 스토리 라인으로 제작하면 컴퓨터, 스마트패드, 스마트폰 등의 다양한 기기나 운영체제와 관계없이 실행이 가능하다는 장점이 있다. 이러한 장점을 여러분이 익혀 보자.

먼저 스토리라인 저작도구를 인터넷에서 찾아보고 자신의 PC에 설치해 보자.

○ 미션: 스토리라인을 설치하고 실행해 보자.

○ 조건: 트라이얼 버전을 설치해 봅시다. 설치가 완료되었다면 실행시켜 봅시다.
스토리라인 3나 혹은 스토리라인 360을 설치해 봅시다.

○ 결과물 예시

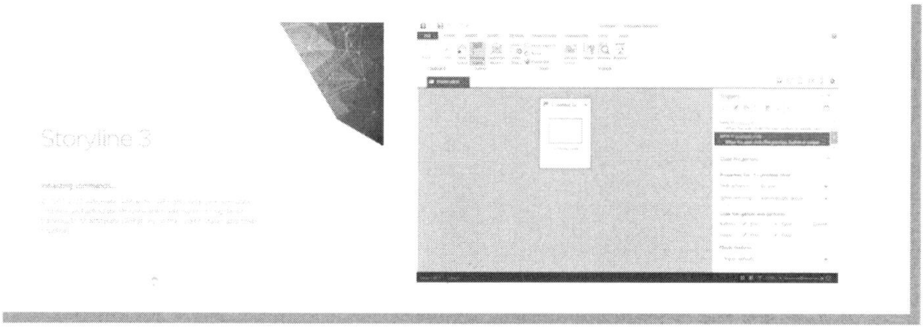

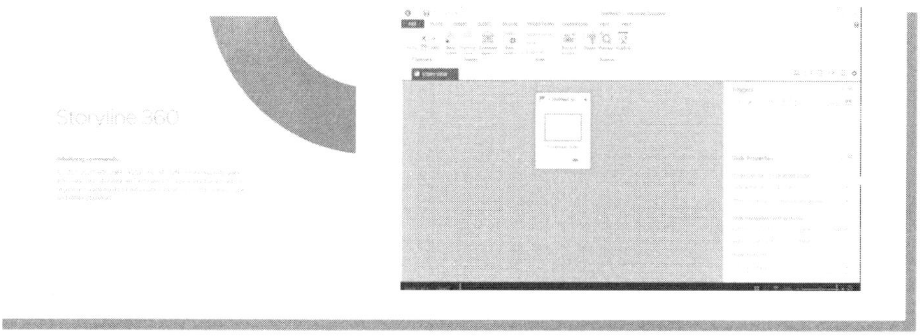

[실행순서]

❶ 스토리라인 3 혹은 스토리라인 360 설치

스토리라인은 Articulate사의 홈페이지에 무료 trial 버전을 설치할 수 있다. 그 외 Articulate 사에서 여러가지 사용법을 소개하고 있으니 참고하면 되겠다.

articulate.com으로 들어가 보자.

https://articulate.com/360/trial

위 사이트 주소에서 articulate360을 설치하면, Storyline 360, Rise 360, Content Library 360, Review 360 등을 한 번에 경험할 수 있다. 이 중 Articulate 360을 설치해 보자. 360은 1년 단위의 서비스로 그림, 동영상 등 Articulate사에서 제공하는 다양한 리소스 서비스와 지원 서비스를 포함하고 있다.

트라이얼 버전도 60일간 무료로 사용할 수 있다.

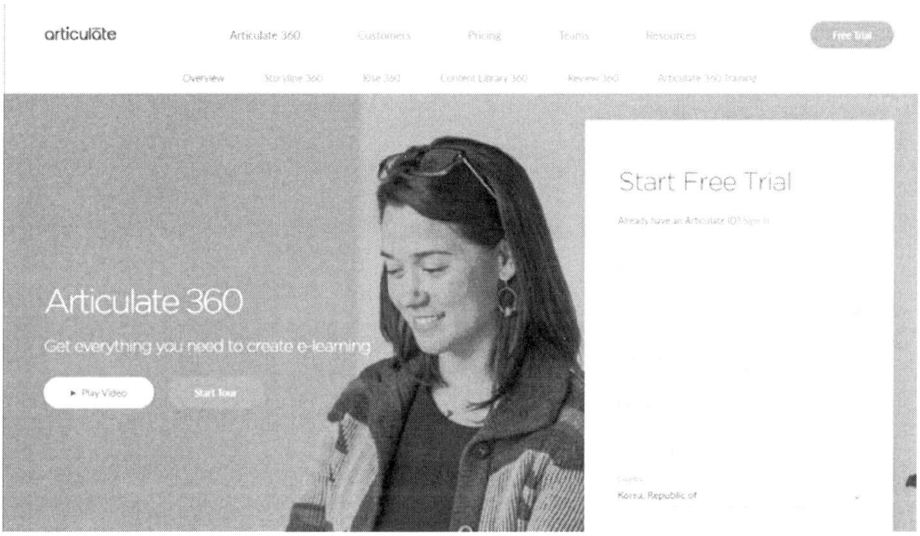

스토리라인 3는 위 제품 중 Storyline 360의 단품(영구) 제품이다. 스토리라인3를 설치하면 360과 같은 기능을 하지만 다양한 이미지, 리소스 지원 등이 없다. 하지만 1년 마다 구입할 필요 없이 제품을 구입하면 영구적으로 사용할 수 있는 장점이 있다.

https://articulate.com/perpetual/storyline-3

❷ 스토리라인 360 데모버전(Trial Version) 설치

둘 중 어느 것도 좋지만 여기서는 스토리라인 360을 설치해서 많은 리소스와 사진, 이미지 등을 많이 활용할 수 있게 하겠다.

https://articulate.com/360/trial

❸ 사용자 등록

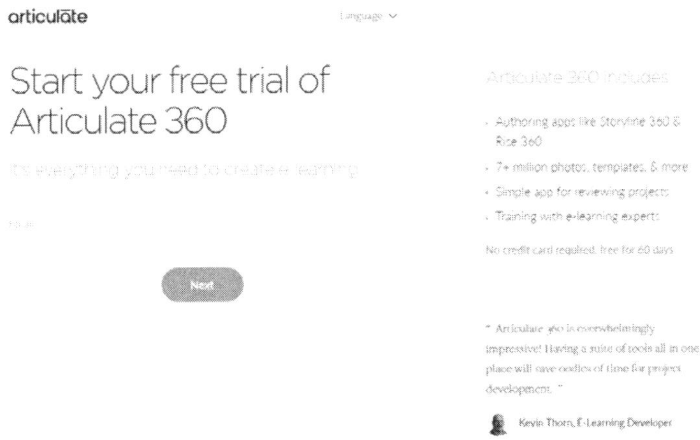
articulate
Language
Start your free trial of Articulate 360
Authoring apps like Storyline 360 & Rise 360
7+ million photos, templates, & more
Simple app for reviewing projects
Training with e-learning experts
No credit card required, free for 60 days
Next
" Articulate 360 is overwhelmingly impressive! Having a suite of tools all in one place will save oodles of time for project development. "
Kevin Thorn, E-Learning Developer

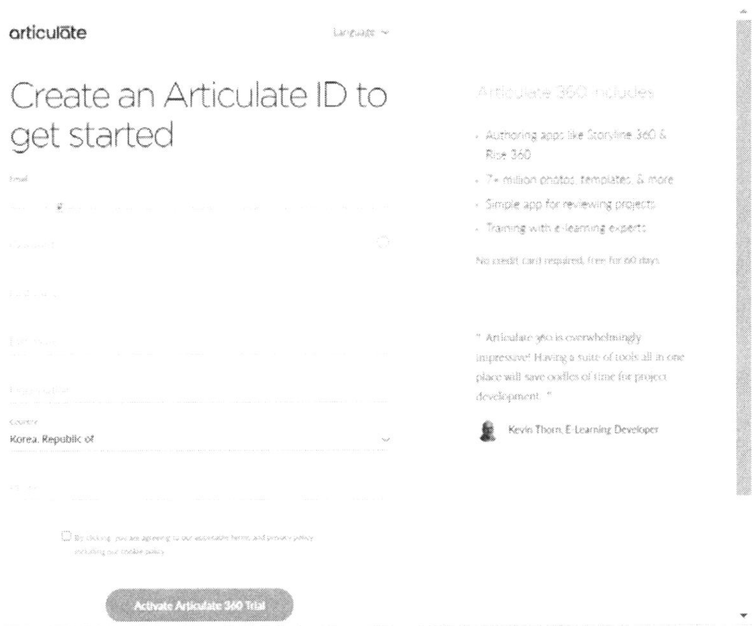
articulate
Language
Create an Articulate ID to get started
Authoring apps like Storyline 360 & Rise 360
7+ million photos, templates, & more
Simple app for reviewing projects
Training with e-learning experts
No credit card required, free for 60 days
" Articulate 360 is overwhelmingly impressive! Having a suite of tools all in one place will save oodles of time for project development. "
Kevin Thorn, E-Learning Developer
Korea, Republic of
Activate Articulate 360 Trial

❹ 사용자 확인

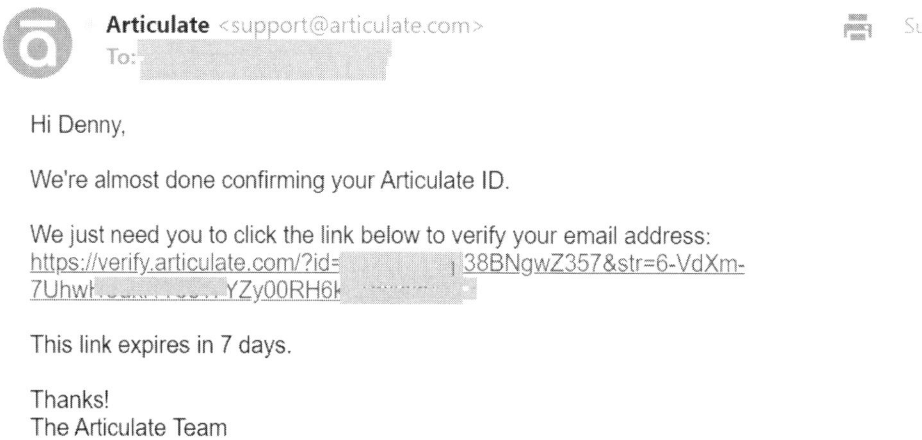
Articulate <support@articulate.com>
To:

Hi Denny,

We're almost done confirming your Articulate ID.

We just need you to click the link below to verify your email address:
https://verify.articulate.com/?id= 38BNgwZ357&str=6-VdXm-7Uhw YZy00RH6

This link expires in 7 days.

Thanks!
The Articulate Team

❺ 사용자 로그인과 Trial Version 활성화하기

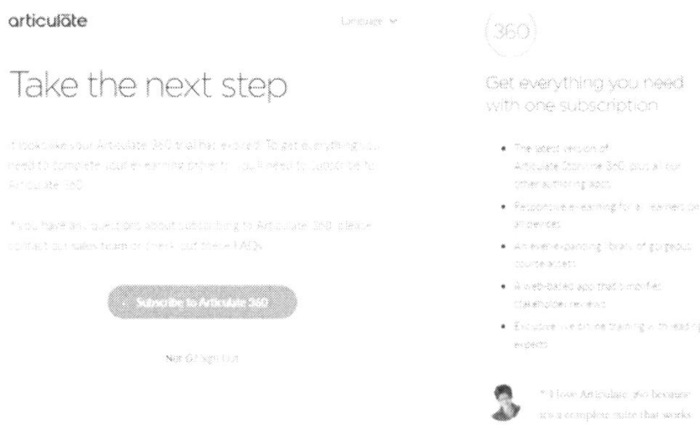

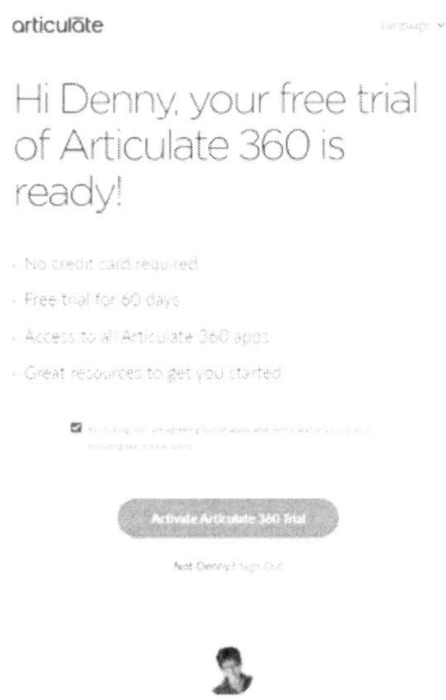

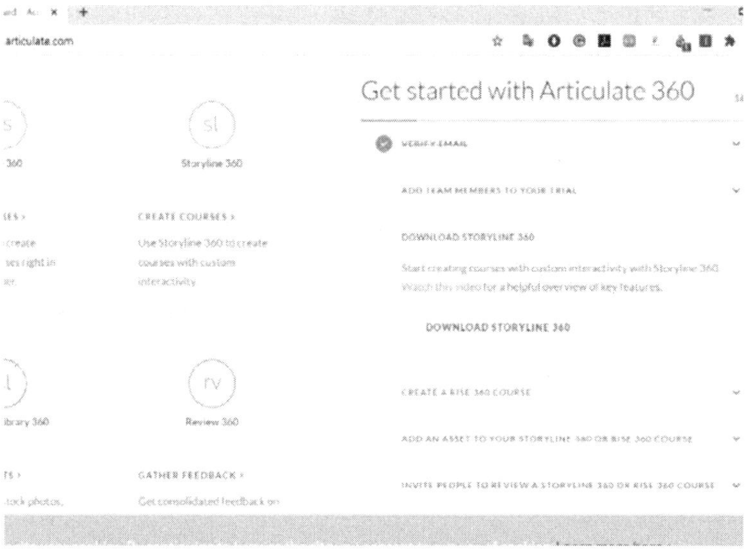
articulate.com
Get started with Articulate 360
Storyline 360
CREATE COURSES >
Use Storyline 360 to create courses with custom interactivity
VERIFY EMAIL
ADD TEAM MEMBERS TO YOUR TRIAL
DOWNLOAD STORYLINE 360
Start creating courses with custom interactivity with Storyline 360. Watch this video for a helpful overview of key features.
DOWNLOAD STORYLINE 360
Review 360
GATHER FEEDBACK >
Get consolidated feedback on
CREATE A RISE 360 COURSE
ADD AN ASSET TO YOUR STORYLINE 360 OR RISE 360 COURSE
INVITE PEOPLE TO REVIEW A STORYLINE 360 OR RISE 360 COURSE

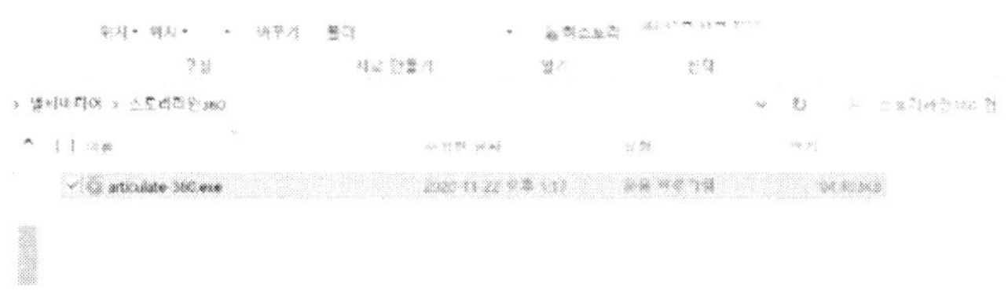
articulate-360.exe

articulate 360

articulate 360

articulate 360
Sign In
Email
Continue

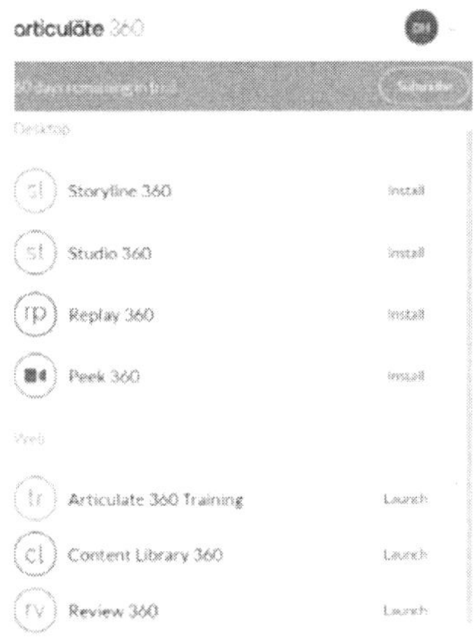
articulate 360
Storyline 360
Install
Studio 360
Install
Replay 360
Install
Peek 360
Install
Articulate 360 Training
Launch
Content Library 360
Launch
Review 360
Launch

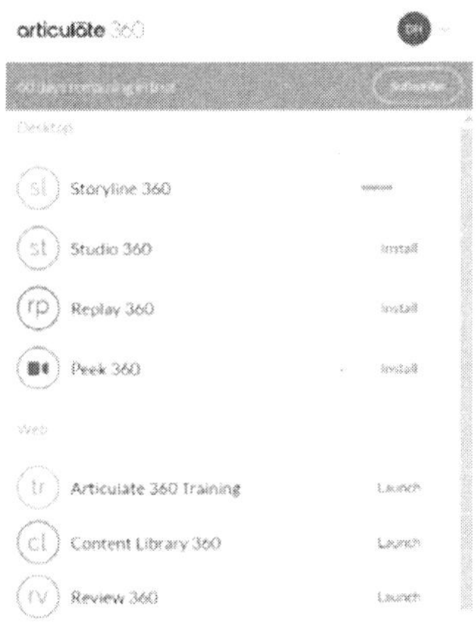
articulate 360
Storyline 360
Studio 360
Install
Replay 360
Install
Peek 360
Install
Articulate 360 Training
Launch
Content Library 360
Launch
Review 360
Launch

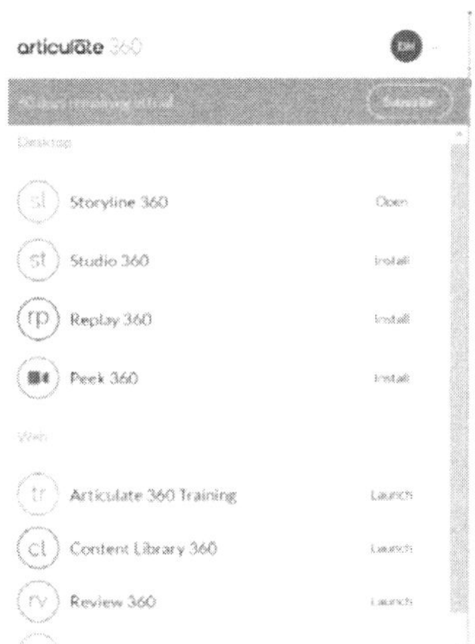
articulate 360
Storyline 360
Open
Studio 360
Install
Replay 360
Install
Peek 360
Install
Articulate 360 Training
Launch
Content Library 360
Launch
Review 360
Launch

❻ 설치완료 및 스토리라인 360 혹은 스토리라인 3 실행 화면

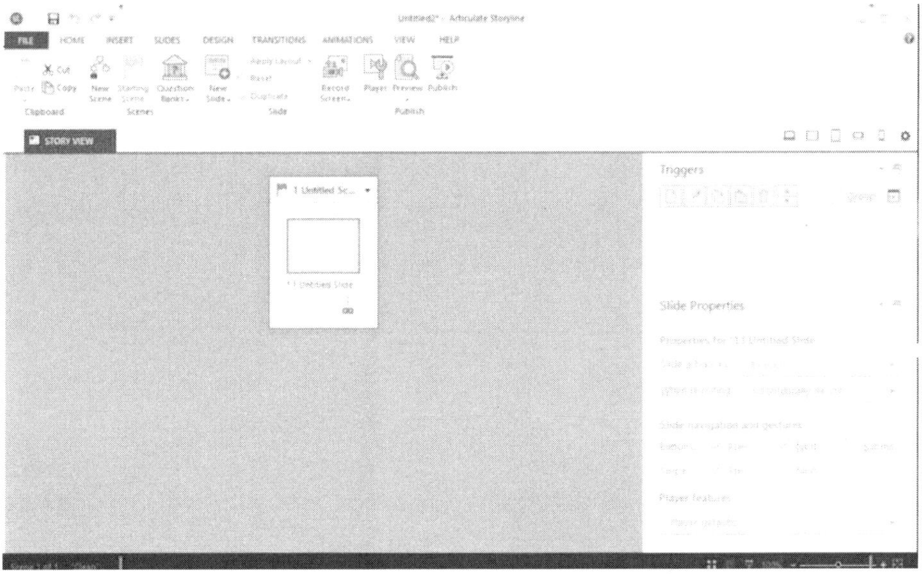
Untitled2* - Articulate Storyline
FILE
HOME
INSERT
SLIDES
DESIGN
TRANSITIONS
ANIMATIONS
VIEW
HELP
Cut
Paste
Copy
New Scene
Starting Scene
Question Banks
New Slide
Apply Layout
Reset
Duplicate
Record Screen
Player
Preview
Publish
Clipboard
Scenes
Slide
Publish
STORY VIEW
1 Untitled Sc...
1.1 Untitled Slide
Triggers
Slide Properties
Properties for '1.1 Untitled Slide'
Slide navigation and gestures
Player features

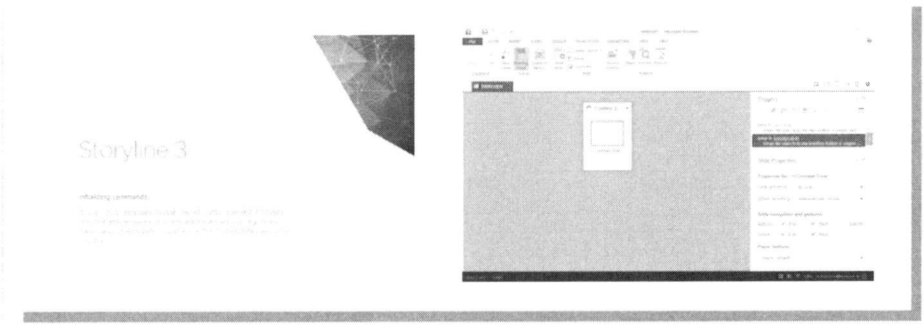
Storyline 3
Initializing commands...

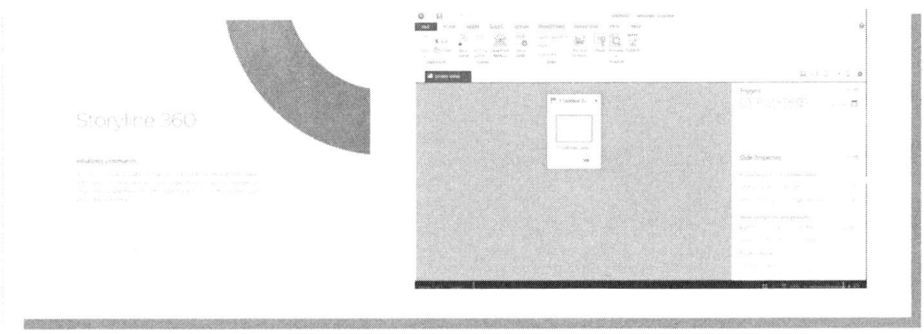
Storyline 360
Initializing commands...

2 평가모듈 개발 응용하기

스토리라인(Stroyline 3 or Storyline 360)을 활용하여 평가모듈을 개발해 보자. 스토리라인(Storyline 3/Storyline 360)은 파워포인트와 유사한 인터페이스에 상호 작용과 다양한 개발 기능이 추가된 저작도구다. 개발된 내용들은 컴퓨터, 스마트 패드, 스마트폰 등 다양한 매체로 실행 될 수 있게 할 수 있는 것이 장점이다. 이를 이용해 6가지 문제 유형을 가진 평가모듈을 개발해 보자.

○ 미션: 여러가지 문제 유형을 가진 평가모듈을 만들어 보자.

○ 조건: 6가지 유형(❶ 진위형 ❷ 선다형 ❸ 다중선다형 ❹ 끌어 놓기형 (Drag-Drop) ❺ 팝업선택형 ❻ 단답형)을 포함하시오.
제일 앞장에는 간략한 소개를 하시오.
마지막 장에는 학업 성취 결과가 나오게 만드시오.
스마트폰에서 실행될 것을 가정하고 만드시오.

○ 결과물 예시

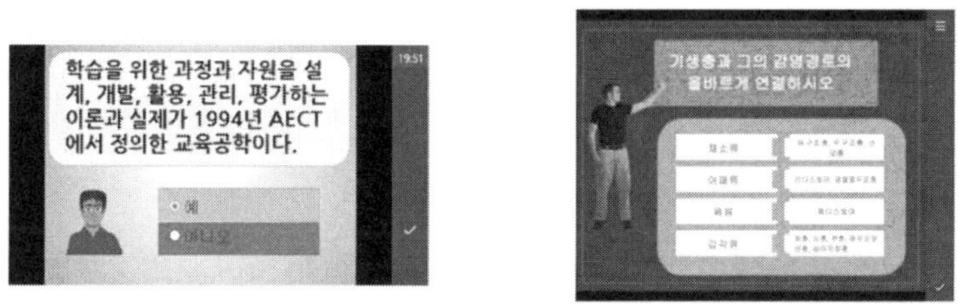
19:51
학습을 위한 과정과 자원을 설계, 개발, 활용, 관리, 평가하는 이론과 실제가 1994년 AECT에서 정의한 교육공학이다.
예

문제
풀이
부경대학교에서는 수해양 산업교육과가 있다.
진실
거짓
수해양산업교육과 전공이 아닌 것은 ?
양식, 식품
기관, 항해
건축, 경제
냉동, 어업
다음을 알맞게 연결하세요.
기관
식품
양식
어업
냉동
항해
수해양산업교육과는 부경대학교에 몇년도에 신설되었을 까요?
19
점수
25% (10 points)
80% (32 points)
You did not pass.
Review Quiz

❶ 새프로젝트 생성

새로운 프로젝트(New Project)를 생성합니다.

새슬라이드(New Slide)를 추가해 봅시다.

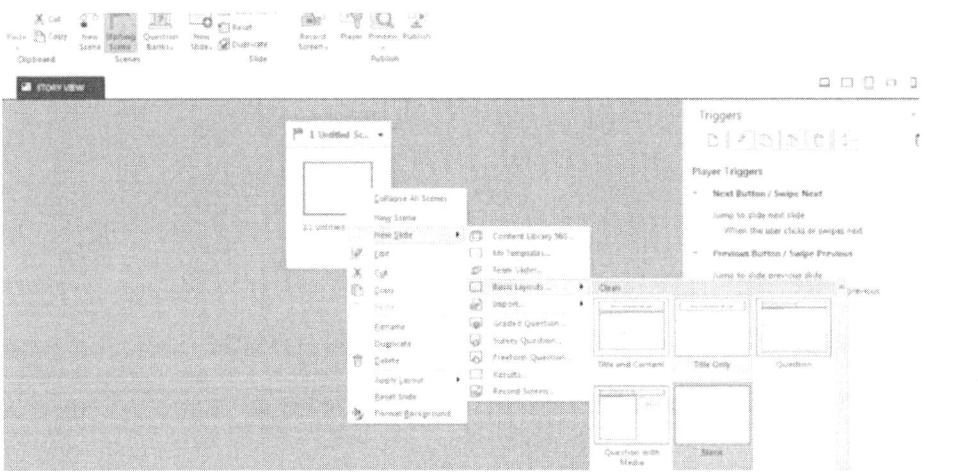

문항의 수만큼 충분한 빈 슬라이드를 만들자.

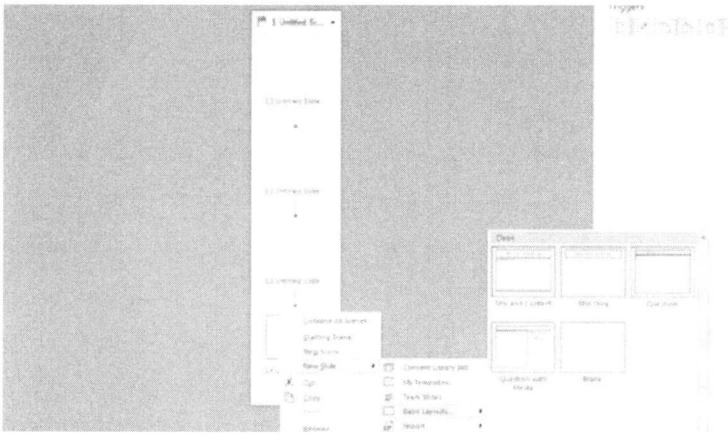

❷ "디자인(Design)" 설정

파워포인트처럼 "디자인(Design)" 메뉴를 선택해서 적절한 배경을 선택한다.

❸ "넣기(Insert)" 설정

파워포인트처럼 "캐릭터" 메뉴를 선택해서 적절한 배경을 선택한다.

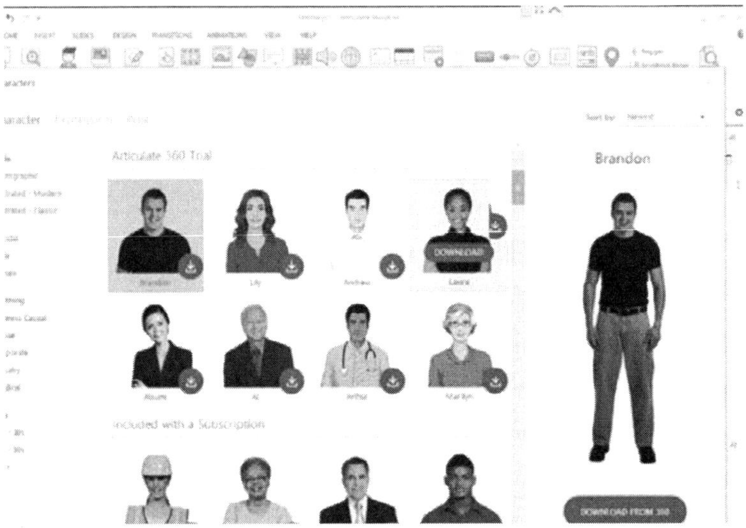

다운로드를 하면 선택한 인물의 다양한 포즈의 이미지를 볼 수 있다. 이 중 원하는 포즈를 선택하자.

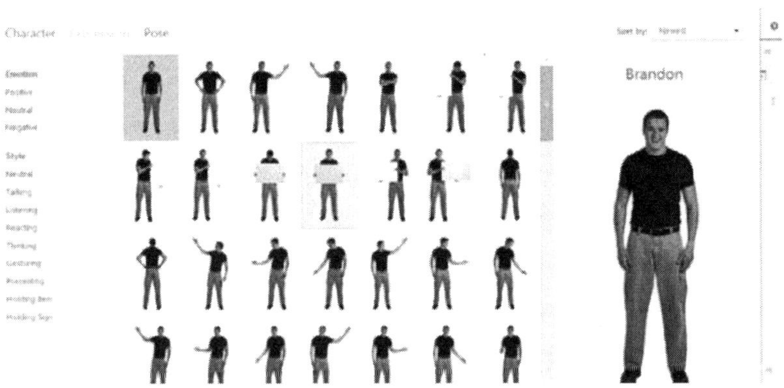

❹ 시작화면 만들기

텍스트 박스를 찾아 적절한 제목을 설정한다.

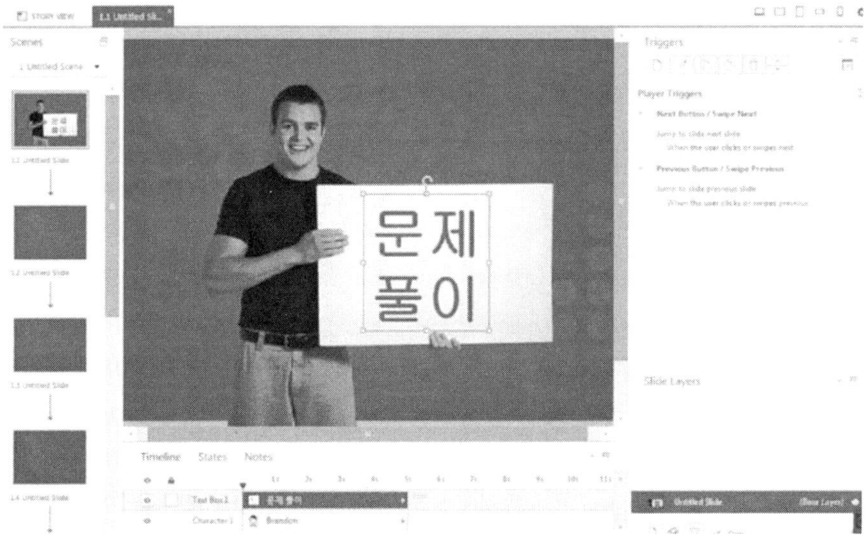

❺ 다양한 유형의 문제 만들기

문제를 나타나는 배경을 적절히 표시한다.

- 진위형(True/False) 문제를 만들어 보자.

문제 유형을 선택하기 위해 “슬라이드(SLIDES)”에 “점수화된 문항(Graded Question)”을 선택한다.

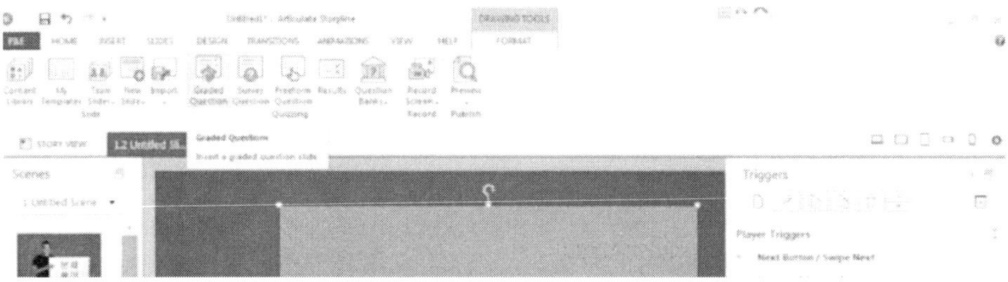

선택 후에는 다양한 유형의 문항을 선택할 수 있다.

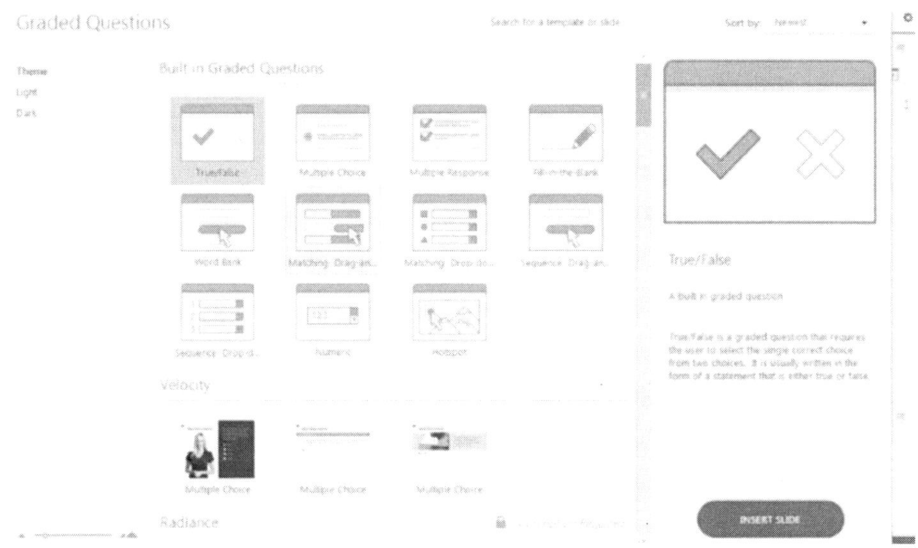

진위형, 선다형, 다중선다형 등은 비슷한 형식으로 설정된다.

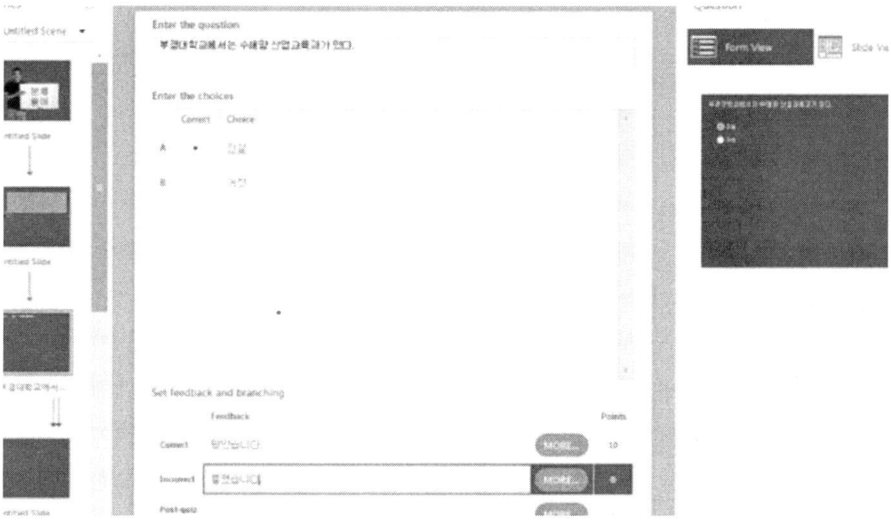

설정에 따라 문제가 생성된다.

생성된 문제를 앞에서 만든 배경슬라이드와 적절히 어울리게 조정한다. 그리고 슬라이드 보기를 하면 실행되었을 때의 화면을 아래와 같이 볼 수 있다.

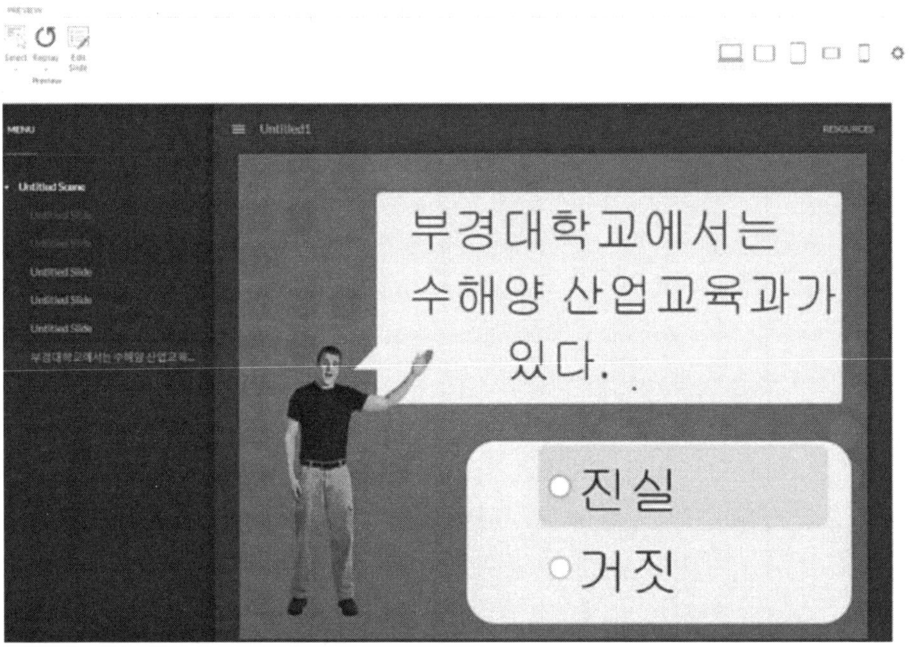

진실을 클릭하면 정답으로 설정한 피드백이 나타났다. 여기서는 "맞았습니다" 라고 피드백이 나타나는 것을 확인할 수 있다.

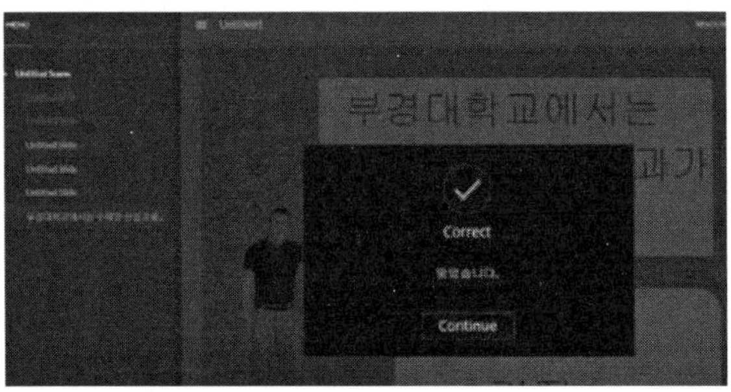

같은 방식으로 다양한 형태의 문제를 만들 수 있다.

- 선다형 문항(Multi Choice)을 제작해 보자.

문제 유형을 선택하기 위해 "슬라이드(SLIDES)"에 "점수화된 문항(Graded Question)"을 선택한다. 그리고 "선다형 문항(Multi Choice)"을 선택한다.

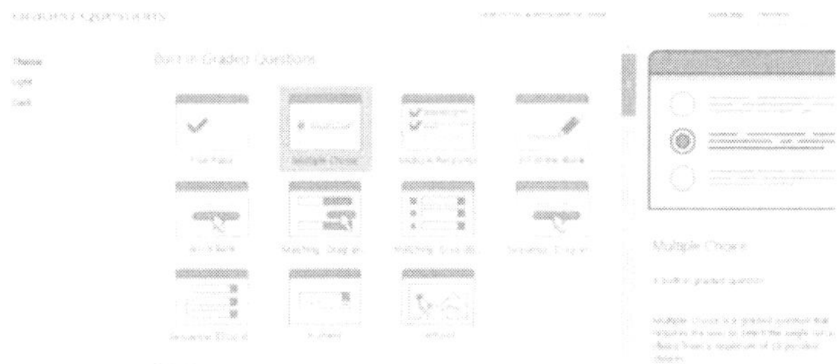

"선다형 문항(Multi Choice)"에 맞는 구체적인 문제와 선택항목, 답안을 입력한다. 입력이 정답이었을 때 피드백도 함께 입력한다.

피드백을 넣을 때도 학습자에 따라 음향, 음악, 애니메이션 등 다양한 피드백이 가능하다. 여기서는 간단한 "맞았습니다"와 같이 문자로 설정하였다.

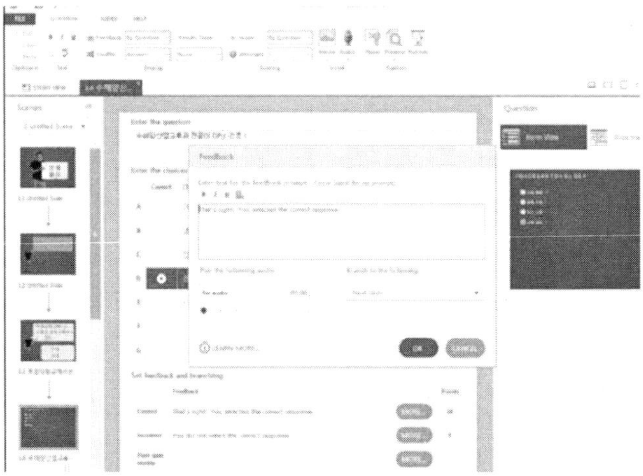

완성된 선다형 문항(Multi Choice) 예시는 아래와 같다.

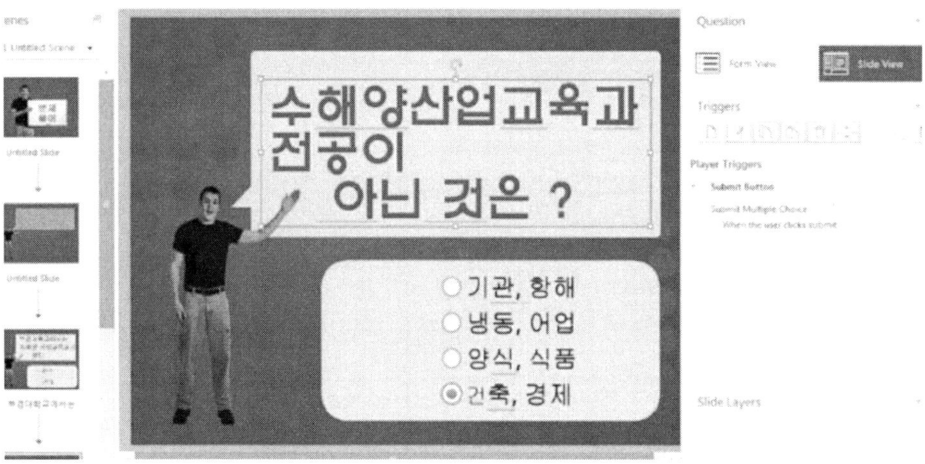

- 끌어당겨서 합치는 문항(Macthing Drag and Drop)을 만들어 보자.

문제 유형을 선택하기 위해 "슬라이드(SLIDES)"에 "점수화된 문항(Graded Question)"을 선택한다. 그리고 "끌어당겨서 합치는 문항(Matching Drag and Drop)"을 선택한다.

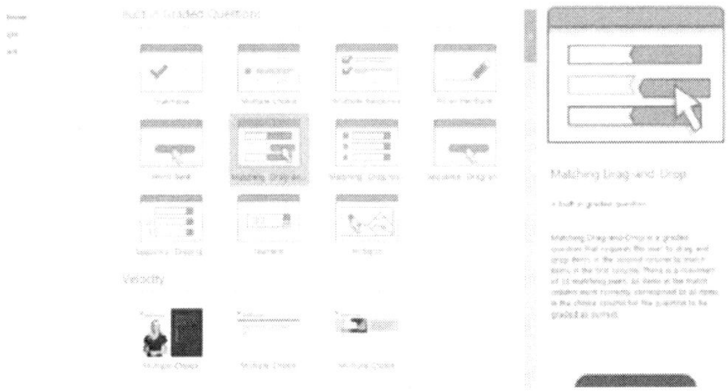

"끌어당겨서 합치는 문항(Matching Drag and Drop)"에 맞는 구체적인 문제와 선택항목, 답안을 입력한다. 입력이 정답이었을 때 피드백도 함께 입력한다.

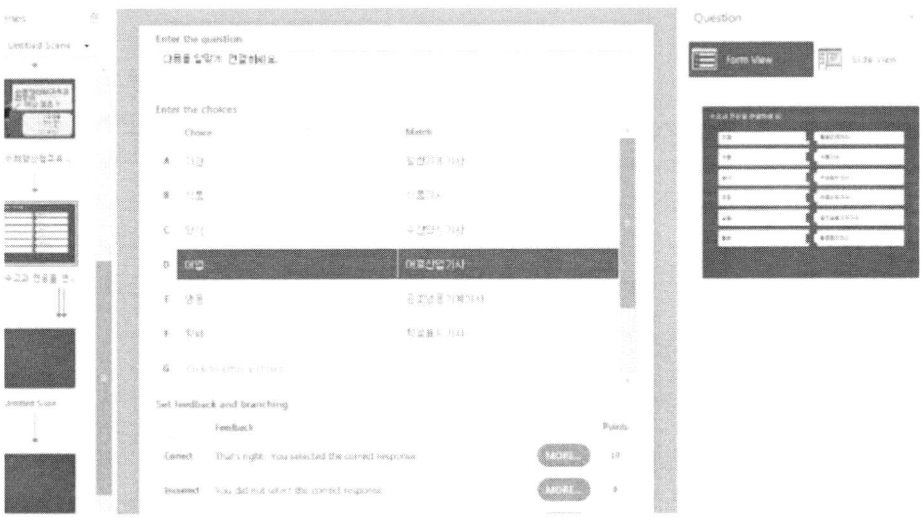

완성된 끌어당겨서 합치는 문항(Matching Drag and Drop) 예시는 아래와 같다.

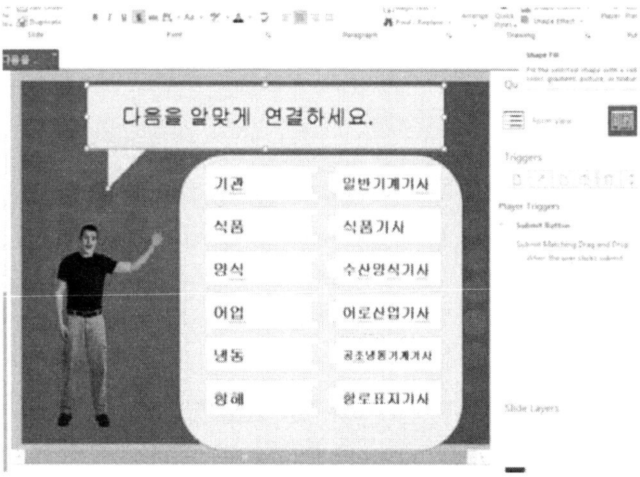

- 주관식 문항(Fill-in-the-Blank)을 만들어 보자.

문제 유형을 선택하기 위해 "슬라이드(SLIDES)"에 "점수화된 문항(Graded Question)"을 선택한다. 그리고 "주관식 문항(Fill-in-the-Blank)"을 선택한다.

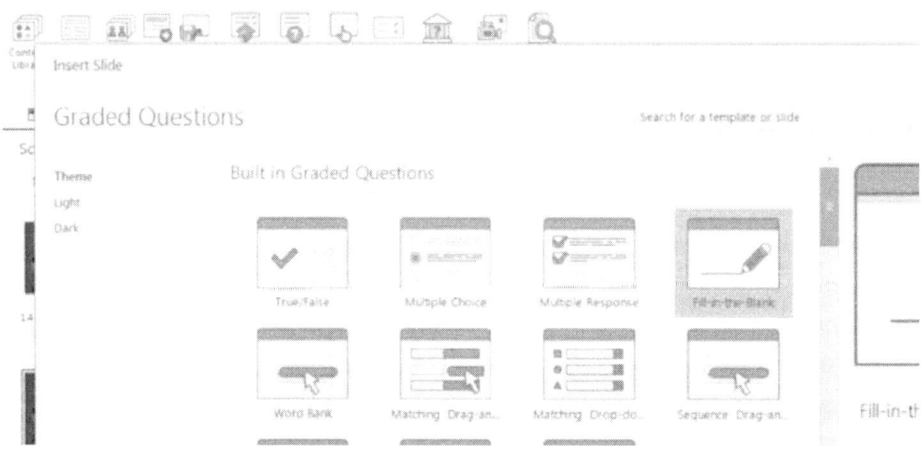

“주관식 문항(Fill-in-the-Blank)”에 맞는 구체적인 문제와 선택항목, 답안을 입력한다. 입력이 정답이었을 때 피드백도 함께 입력한다.

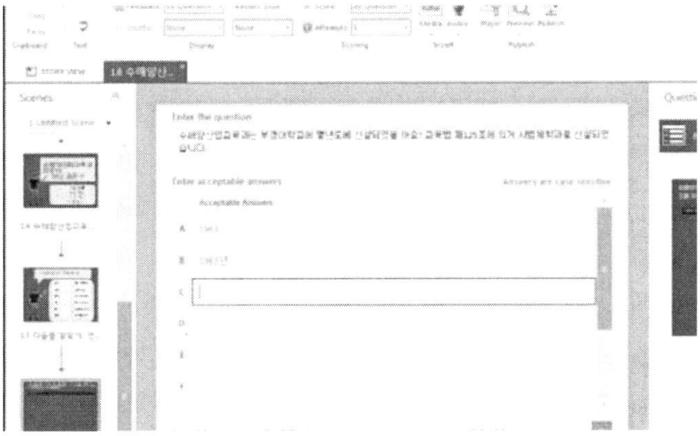

완성된 주관식 문항(Fill-in-the-Blank)” 예시는 아래와 같다.

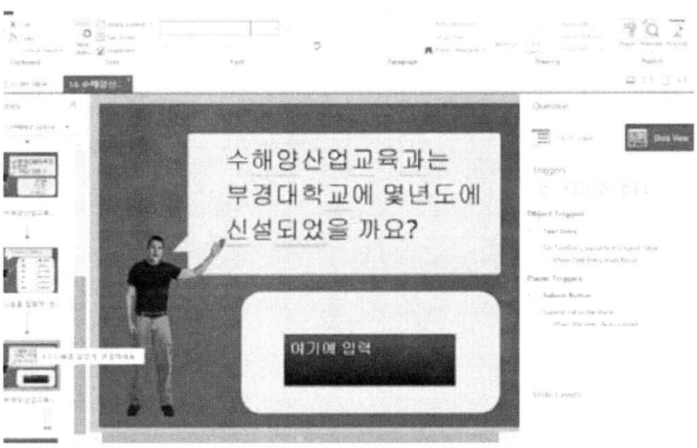

- 결과 정리 화면을 만들어 보자.

결과 정리 화면을 위해 "슬라이드(SLIDES)"에 "결과(Results)"를 선택한다. 그리고 "점수 결과 슬라이드(Graded Result Slide)"를 선택한다.

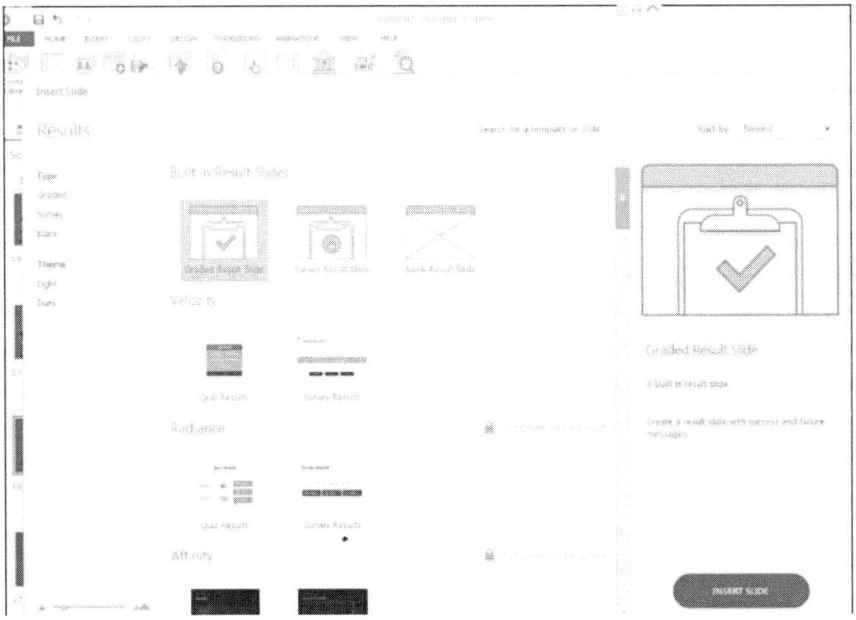

이제까지 만든 문제들의 결과에 대해 결과 점수에 포함 시킬지 여부를 나타내는 화면이 나온다. 그 외에도 문제풀이 시간 제약 설정이나 통과점수 등을 설정할 수 있다.

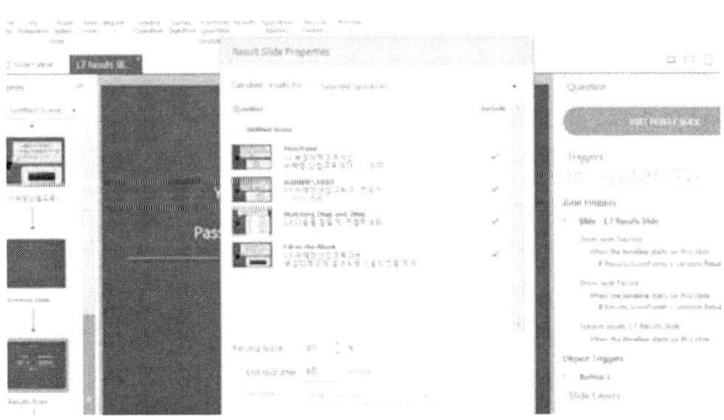

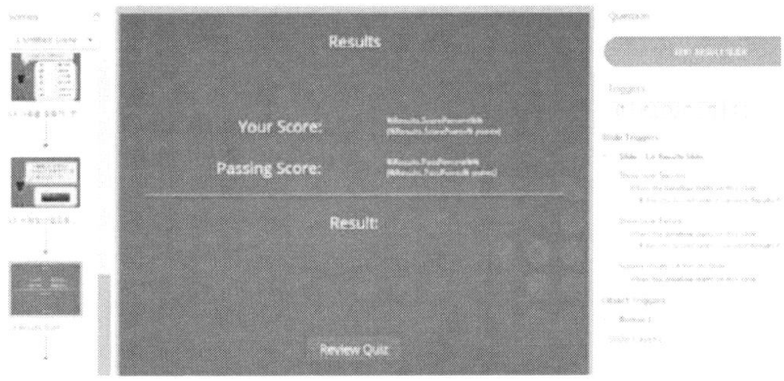

결과화면은 위와 같은 양식으로 설정한다. 실제 실행되고 난 화면은 아래와 같다.

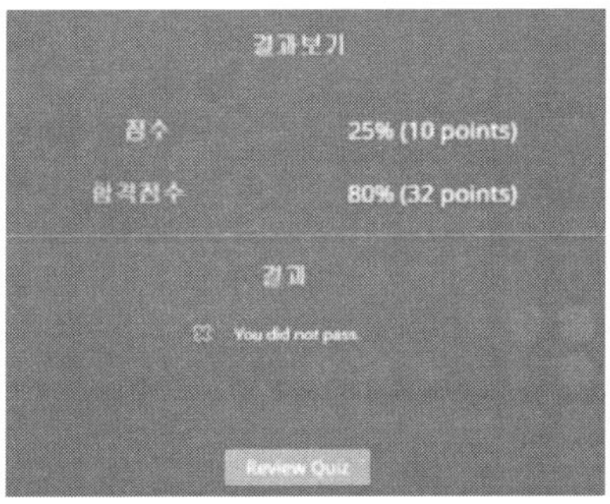

제작이 완료되었다면 여러 가지 출력이나 배포 양식을 선택할 수 있다. 홈페이지로 내 보낼 수도 있고, 동영상으로 저장할 수도 있다. 출력 화면에 여러 곳에 보조 화면을 넣을 수도 있고, 스마트폰과 같이 작은 화면이라면 이러한 것들을 생각할 수도 있다.

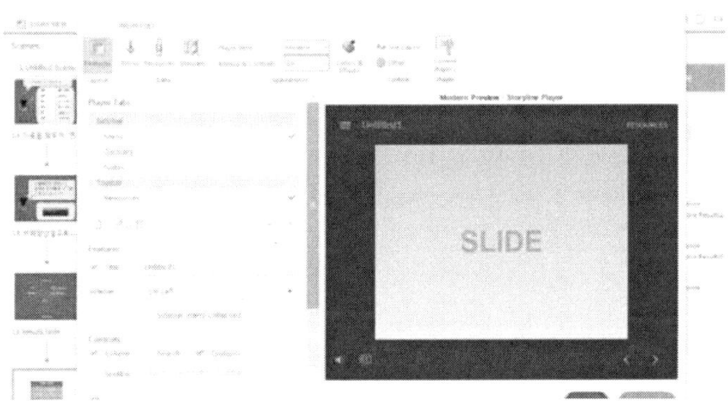

아래 화면은 출력 방식을 웹페이지로 옵션을 설정하여 배포 준비를 하는 것을 나타낸다.

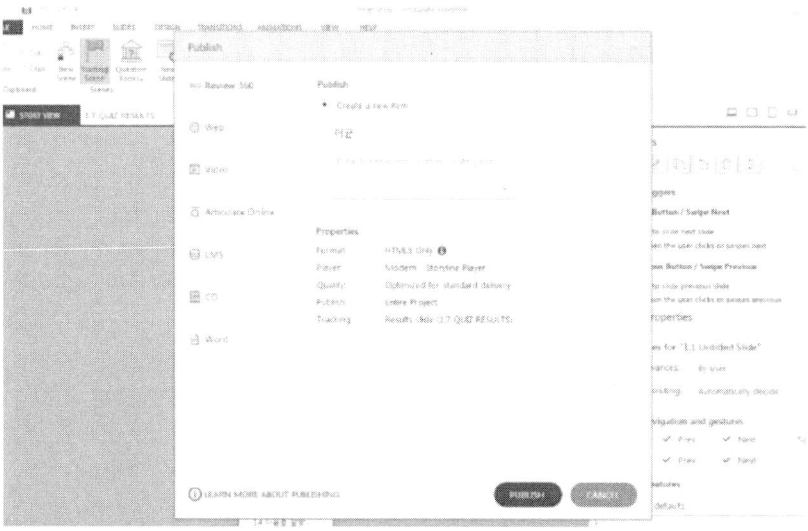

아래 화면은 출력 방식을 동영상으로 옵션을 설정하여 배포 준비를 하는 것을 나타낸다.

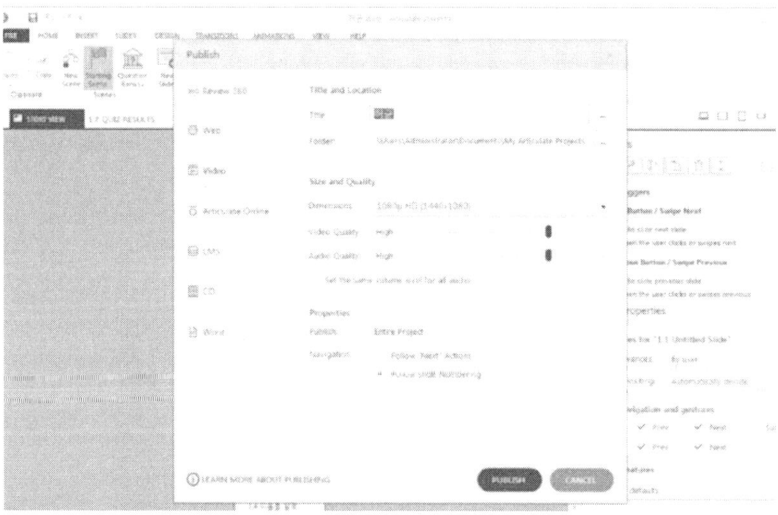

❻ 프로젝트 저장하기

내가 작업한 내용들을 프로젝트 화일(*.story) 형태로 저장할 수 있다. 프로젝트로 저장해 놓으면 수정과 업그레이드가 용이하며 자신만의 스타일을 저장하여 재사용할 수 있어 효율적으로 프로젝트를 제작할 수 있다. 화일에 다른이름으로 저자(Save As)를 클릭해서 원하는 폴더에 저장하면 된다. 확장자는 story 가 된다.

❼ 완성화면

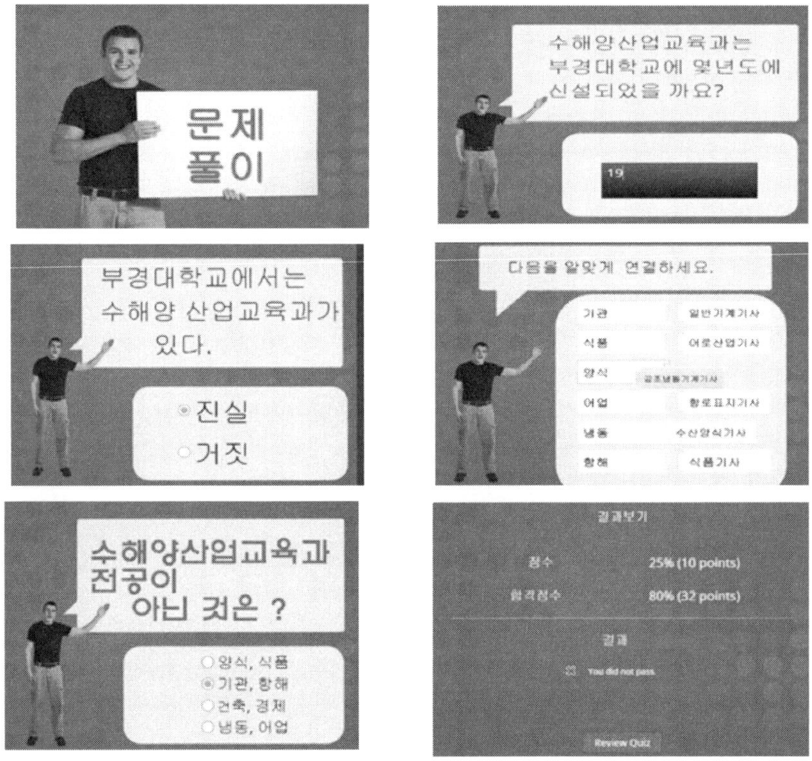
문제
풀이
수해양산업교육과는
부경대학교에 몇년도에
신설되었을 까요?
19
부경대학교에서는
수해양 산업교육과가
있다.
진실
거짓
다음을 알맞게 연결하세요.
기관
일반기계기사
식품
어로산업기사
양식
어업
항로표지기사
냉동
수산양식기사
항해
식품기사
수해양산업교육과
전공이
아닌 것은 ?
양식, 식품
기관, 항해
건축, 경제
냉동, 어업
결과보기
점수
25% (10 points)
합격점수
80% (32 points)
결과
You did not pass.
Review Quiz

7장 요약

스토리라인 저작도구 설치 및 실행하기

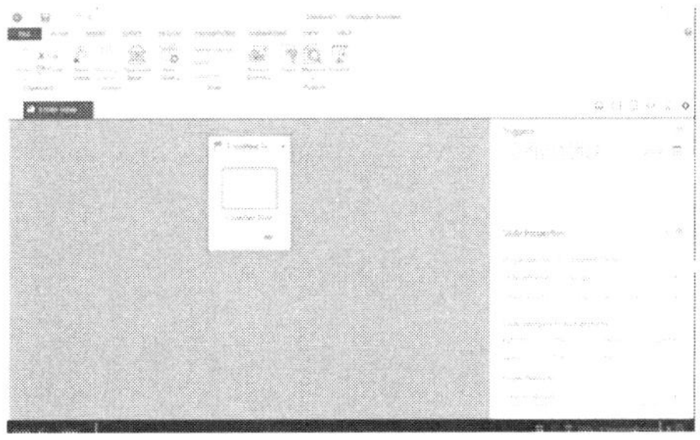

평가모듈 개발 응용하기

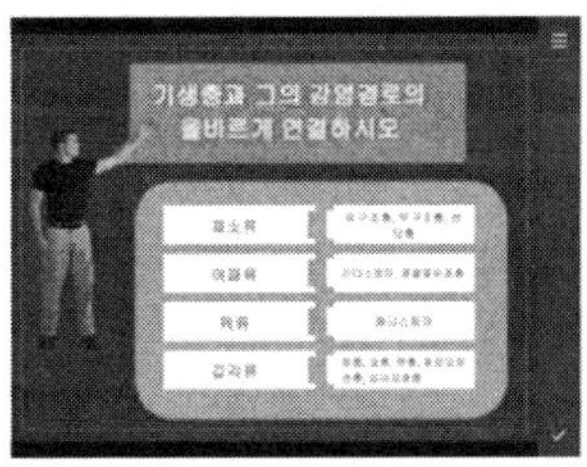

7장 연습문제

1. 자신의 전공 영역의 내용을 선정하여 평가모듈을 개발하시오.

2. 교육학 관련 영역의 내용을 선정하여 평가모듈을 개발하시오.

메 모

메 모

참고문헌

교육부. 제5회 교육용 소프트웨어 공모전 입상작. 지진탐사대. 교육부.

나일주(1995). 교수매체 연구의 현대적 과제: 교수매체의 효과성 논쟁을 중심으로. 교육공학연구, 11(1), 47-71.

나일주, 정인성(1990). CAI 개발과 활용. 서울: 교육과학사.

한동엽(2015). 스마트한 이러닝 콘텐츠 저작도구 스토리라인2. 내하출판사.

한동엽(2018). 스마트한 이러닝 콘텐츠 저작도구 스토리라인3. 내하출판사.

허균(2015). 컴퓨터 평가 기반 학습 시스템 설계 및 개발 연구. 수산해양교육연구, 27(4), 1160-1171.

허균(2016). 교육방법 및 교육공학의 이론과 실제. 부경대학교 출판부.

허균(2021). 스마트 교육미디어 설계, 개발, 활용을 위한 멀티미디어교육론. 부경대학교 출판부.

허균, 구정모(2018). 스마트 교육 미디어 활용을 위한 수해양 교육영역 평가기반 학습시스템 설계 및 구현. 수산해양교육연구, 30(6), 2043-2052.

허균, 나일주 (2005). 최적의 웹 기반 학습 설계를 위한 초등학생의 성별에 따른 인터넷 사용과 지각분석. 정보교육학회논문지, 9(2), 319-327.

Harnett, S.(2013). Learnn Atriculate Storyline: Harness the power of Storyline to create state-of-the-art e-learning projects. PACKT Publishing.

Llkins, D., Pinder, D., & Everhart, W.(2018). E-Learning Uncovered: Articulate Storyline 360(2nd Edition). E-Learning Uncovered, Inc.

Siegel, K. & Hadi, K. (2017). Articulate Storyline 3&360: The Essentials. Logical.

Siegel, K. & Hadi, K. (2018). Articulate Storyline 3&360(2nd Edition): Beyond The Essentials. Logical.

JAM
SOUR